中学语文教学设计的思路探究

战 琳 马英福 著

北方文艺出版社
·哈尔滨·

图书在版编目（CIP）数据

中学语文教学设计的思路探究 / 战琳，马英福著. -- 哈尔滨：北方文艺出版社，2024.4
　ISBN 978-7-5317-6201-0

　Ⅰ.①中… Ⅱ.①战…②马… Ⅲ.①中学语文课—教学设计 Ⅳ.① G633.302

中国国家版本馆 CIP 数据核字（2024）第 082559 号

中学语文教学设计的思路探究
ZHONGXUE YUWEN JIAOXUE SHEJI DE SILU TANJIU

作　　者 / 战　琳　马英福
责任编辑 / 宋雪微　　　　　　　　　　封面设计 / 沈加坤

出版发行 / 北方文艺出版社　　　　　　邮　编 / 150008
发行电话 /（0451）86825533　　　　　经　销 / 新华书店
地　　址 / 哈尔滨市南岗区宣庆小区 1 号楼　网　址 / www.bfwy.com

印　　刷 / 北京亚吉飞数码科技有限公司　开　本 / 710mm×1000mm 1/16
字　　数 / 200 千　　　　　　　　　　印　张 / 13.75
版　　次 / 2025 年 1 月第 1 版　　　　　印　次 / 2025 年 1 月第 1 次印刷

书　　号 / ISBN 978-7-5317-6201-0　　 定　价 / 82.00 元

前　言

在现代生活中,"设计"无处不在,有建筑设计、美术设计、工业设计、服装设计、装修设计等。"设计"的存在,是为了更高效地达成既定目标,对问题进行优化解决。它既体现了人的整体性构思,又可以使设计者的想象力和创造力得到最大限度的发挥。因此,在当前社会中的各个领域中,"设计"都得到了广泛运用,教育教学领域也不例外。

在当前的教育教学领域,随着新课程改革不断向纵深发展,对教学改革的研究不再局限于教学内容、教学方法、教学手段等,而是越来越重视对教学进行优化设计。就中学语文教学来说,自新课程改革以来,中学语文教学的目标、内容及中学语文的课程形态、学习条件、学习方式等都发生了改变,这对当代中学语文教学提出了一些新的要求,如要充分发挥中学语文在促进学生发展方面的独特功能,要帮助学生探寻到与自身发展相符合的方向等。中学语文教学要想有效应对这些新要求,一个重要的举措便是做好中学语文教学设计。高效的中学语文教学设计是中学语文课程标准理念,核心要素要求,学科前沿动态和学科教学实践四者的统合,对于中学语文教学达到预期的目的起着重要的作用。因此,中学语文教师必须要掌握教学设计的相关知识与技能,并能进行科学、合理的教学设计。但事实上,有不少中学语文教师还无法做到这一点,这就严重影响了中学语文教学作用的充分发挥。基于此,作者在参阅大量相关著作、文献的基础上,结合新课程改革及中学语文教学设计的现状,精心撰写了《中学语文教学设计的思路探究》一书。

本书包括八章内容。第一章作为全书开篇,对中学语文课程与教学进行了总体论述,从而为以后章节的展开做好理论铺垫。第二章至第七章是本书的重点内容,具体对中学语文教学设计的基本理论,中学语文教学目标设计,中学语文阅读教学设计,中学语文口语交际教学设计,中学语文写作教学设计,中学语文不同文本的教学设计进行了详细研究。由于中学语文教学设计的开展,必须以中学语文教学的现状为基础,而评价与测试是了解现状的重要手段,因而本书第八章对中学语文教学评价与测试的相关内容进行了详细分析。

本书在撰写的过程中,既吸收了前人研究的有益成果,又在此基础上进行了深化和拓展,从而进一步丰富了中学语文教学设计的内容。概括而言,本书有以下几个鲜明的特色:

第一,时代性。本书紧紧抓住当前教育改革及课程改革的新要求,结合当前中学语文教学设计的现状,对当代中学语文教师需要掌握的教学知识与技能进行了相关研究,以期帮助中学语文教师提高进行语文教学设计的能力,以及运用语文教学理论对语文教学实践中出现的问题进行解决的能力。

第二,理论与实践相统一。本书既从理论的角度出发,对中学语文教学设计进行了论述,以帮助中学语文教师构建科学化、系统化的教学设计体系;又从实践的角度出发,着眼于一线中学语文教学,解决教学过程中实实在在存在的问题与困惑,以切实提高中学语文教师的教学设计能力。

第三,规范性强。本书在论述过程中,力求逻辑清晰,脉络分明,阐述充分,语言准确规范,以确保本书的学术性和准确性。

全书由战琳、马英福撰写,具体分工如下:

第一章至第三章、第六章,共 10.7 万字:战琳(锦州市锦州中学);

第四章、第五章、第七章、第八章,共 10.4 万字:马英福(积石山县积石中学)。

在本书的撰写过程中,作者不仅参阅、引用了很多国内外相关文献资料,而且得到了同事亲朋的鼎力相助,在此一并表示衷心的感谢。由于作者水平有限,书中疏漏之处在所难免,恳请同行专家及广大读者批评指正。

作 者
2023 年 3 月

目 录

第一章 走进中学语文：中学语文课程与教学总论 …………… 1
  第一节 中学语文课程性质与功能分析 ………………………… 1
  第二节 中学语文课程的教学目的与教学内容 ………………… 5
  第三节 中学语文教科书的编选与使用 ………………………… 7

第二章 以理论为先导：中学语文教学设计的基本理论 ……… 18
  第一节 中学语文教学设计的原理与依据 ……………………… 18
  第二节 中学语文教学设计的理论基础 ………………………… 26
  第三节 中学语文教学设计的原则与模型 ……………………… 37
  第四节 中学语文教学设计的过程与基本要素 ………………… 45

第三章 教学的起点与终点：中学语文教学目标设计 ………… 53
  第一节 中学语文教学目标的内涵 ……………………………… 53
  第二节 中学语文教学目标的设计与表述 ……………………… 60

第四章 提高阅读能力：中学语文阅读教学设计 ……………… 68
  第一节 中学语文阅读教学的地位与作用 ……………………… 68
  第二节 中学语文阅读教学的目的、方法与原则 ……………… 72
  第三节 中学语文阅读教学过程的设计 ………………………… 84

第五章 提高口语表达能力：中学语文口语交际教学设计 …… 101
  第一节 中学语文口语交际教学的意义与原则 ………………… 101
  第二节 中学语文口语交际教学的特点与任务 ………………… 105
  第三节 中学语文口语交际教学的方法 ………………………… 114

  第四节 中学语文口语交际教学设计的要领 …………… 119
  第五节 中学语文口语交际教学策略的设计 …………… 125

第六章 提高写作能力:中学语文写作教学设计 …………… 130
  第一节 中学语文写作教学的地位与目的 …………… 130
  第二节 中学语文写作教学的意义与要求 …………… 135
  第三节 中学语文写作教学设计的基本理念 …………… 137
  第四节 中学语文写作教学设计的策略 …………… 144

第七章 提高文学鉴赏能力:中学语文不同体裁的教学设计 …… 168
  第一节 说明文的教学设计 …………… 168
  第二节 议论文的教学设计 …………… 175
  第三节 散文的教学设计 …………… 178
  第四节 诗歌的教学设计 …………… 188

第八章 重视教学反馈:中学语文教学评价与测试 …………… 199
  第一节 中学语文教学的评价 …………… 199
  第二节 中学语文教学的测试 …………… 203

参考文献 …………… 208

第一章 走进中学语文:中学语文课程与教学总论

语文是人文社会科学的一门重要学科,是工具性和人文性统一,科学和人文统一,科学的认知体系的真和人文的价值判断的善统一的学科。同时,语文还是最重要的交际工具,个人生活、工作、学习、休闲中用到最多的就是语文。因此,在中学教学中,语文教学是一项十分重要的内容。在本章中,将对中学语文课程与教学的相关知识进行总体性阐述。

第一节 中学语文课程性质与功能分析

一、中学语文课程的性质

中学语文课程的特定对象,表明这门学科是根植于中学语文教育实践的沃土的。同时,中学语文课程在发展的过程中,逐渐形成了自身鲜明的性质。具体而言,中学语文课程的性质主要表现在以下几个方面:

(一)中学语文课程是一门工具性的学科

中学语文课程不仅要学生学习课本的内容,而且要学生学习它的形式。中学政史地等学科也有内容和形式,但教学生理解和运用其内容是唯一的目的。中学语文学科的着眼点不在内容而在形式,即其工具性的一面。比如,在中学语文学科的教学中,教小说、剧本的侧重点并不在它的情节内容,也不在它提出和解决问题的内容,而在表达内容的语言文字的运用。因此,中学语文是理解的工具,是表达的工具,人们凭借它思考,运用它交际,依靠它传播文化,利用它创造文学。这是使中学语文学科成为工具性学科的第一位的决定因素。

此外,中学语文课程教学首要的、最基本的目标便是培养中学生听、读、说、写的能力。有无这样的能力,决定着中学生能否学好其他学科,也会影响中学生在出校后的发展及能否顺利地适应社会生活。这也表明,中学语文课程是一门工具性的学科。

(二)中学语文课程是一门综合性的学科

中学语文课程是综合性学科,这使它和中学的所有其他学科形成了显著的对比。中学语文课程的综合性,主要表现为教学目标的多元性,教学功能的多重性,教学内容的广泛性,教学原则的复杂性,教学程序的多层次性和教学方法的多样性等。此外,中学语文课程的综合性,对中学语文教师提出了更高的要求,即要求中学语文教师加强教学的计划性和控制性,以使教学建立在自觉性的基础之上。

(三)中学语文课程是一门思想性的学科

中学语文课程和数理化等学科不同,它会反映思想感情色彩,也会包含伦理道德方面的内容。中学语文的形式是语言文字,是表达技巧,而内容则是生活,是事物,是思想,是精神。这和数学仅仅是数字,是符号,是抽象的概念不同。而且,中学语文在内容方面的作用比在形式方面的作用要大得多,这是它与自然学科迥然不同的地方,也充分表明了它的思想性。

(四)中学语文课程是一门知识性和技能性相统一的学科

中学语文课程要达到知识教育目标,因而具有知识性。中学语文课程确实含有知识内容,而且其领域宽广,程度也有深有浅。文字知识、语言知识、逻辑知识、读写知识、文学知识等,仅这些语文知识领域内的任何一项内容,都可能是一个庞大的知识体系,更不要说它还包蕴着社会科学知识、自然科学知识和日常生活知识了。同时,中学语文课程要达到技能教育目标,因而也具有技能性。在中学语文课程中,书写(书法)、朗读、创作文学作品等都属于技能性质。

但是，不能把中学语文课程称作知识学科，有如政史科和理科那样；也不能把中学语文称作技能学科，有如体音美等学科那样，因为它是既包含知识和技能的双重性质，又超出它们的范围的学科。

（五）中学语文课程是一门语言和思维相统一的学科

中学语文课程是语言学科，同时也是思维学科。同对中学语文课程是工具性学科和思想性学科等的认识一样，这样的认识也是中学语文课程的一种本质观。事实上，在中学语文课程的教学中，对语言和思维同等重视是众多国家的现状，也是世界性的趋势。

语言和思维在中学语文课程中的地位极为重要，这仅从中学语文课程的目标来看就足以证明。简言之，中学语文课程的目标有三：知识、能力、思想。思想目标虽然重要，但它不是社科的基本出发点，而知识和能力目标的主要内容，则是语言知识和逻辑知识，语言能力和思维能力。而在知识和能力二者中，语言能力和思维能力无疑占有决定性地位。这是因为，中学语文课程要培养的是会使用语言，会思考的人，而不是语言学家和逻辑学家。

此外，在中学语文课程中，学生要学好语言，就得同时学会思维。因此，既要发展语言，又要发展思维，把语言和思维联结起来，是中学语文课程的一大特征。由于中学语文课程的活动，一般都直接表现为语言活动，因而我们就要特别注意语言的学习和它对促进思维发展的作用。通常而言，语言的学习对思维的发展起着下列三种重要作用：一是语言把人的思维结果加以外化，从而成为人类交往的最重要的工具；二是语言可以促进思想的传达和交流，使思想在交流中相得益彰；三是人们语言能力的发展可以成为思维发展的强有力的刺激力量。基于此，中学语文课程中的思维训练一般要通过语言训练来实现（思维训练也可以通过语言以外的手段，如手势、符号、影像、音响等来实现）。

二、中学语文课程的功能

中学语文课程具有多方面的功能，具体表现在以下几个方面：

（一）培养听说读写能力的功能

听说读写能力培养功能是中学语文课程的独特功能所在。自独立设立语文课程以来，人们对语文课程的具体功能便存有不同的认识，但几乎都认定"培养听说读写能力"是语文课程的主要功能之一。

这里所说的听说读写能力，具体包括识字与写字能力，阅读一般文本与鉴赏文学作品的能力，写作一般文本及文学作品的能力，以及口语交际的能力等。此外，听说读写能力培养功能主要通过学习听说读写知识并开展识字与写字、阅读、写作、口语交际和语文综合性学习活动得以实现。《义务教育语文课程标准》按学段对识字与写字、阅读、写作、口语交际和语文综合性学习分别提出了具体的要求，从而为其有可能较好地发挥听说读写能力培养功能提供了比较有力的保障。《普通高中语文课程标准》从"阅读和鉴赏""表达与交流"两个方面依次对诗歌与散文，小说与戏剧，新闻与传记，语言文字应用和文化论著研读五大系列分别提出了具体选修要求。

（二）陶冶情意人格的功能

中学语文课程的陶冶情意人格功能，指的是中学语文课程能够培养中学生健康的个性心理，健全的情感，高尚的趣味，良好的态度与习惯，以及坚强的意志等。

在春秋战国时期，孔子就将诗歌视为陶冶学生"情意人格"的宝贵的课程资源。他说："小子何莫学乎《诗》？诗，可以兴，可以观，可以群，可以怨。迩之事父，远之事君。多识于鸟兽草木之名。"又说："温柔敦厚，《诗》教也。"很明显，孔子认为诗教是一种修养道德，陶冶性情的重要手段。在20世纪初时，中华民国临时政府颁布的《中学校令施行规则》要求国文课程"涵养文学之兴趣，兼以启发智德"。在20世纪三四十年代颁布的《初级中学国文课程标准》，也要求"养成阅读书籍之习惯与欣赏文艺之兴趣"。现行的《义务教育语文课程标准》明文要求："在语文学习过程中，培养爱国主义、集体主义、社会主义思想道德和健康的审美情趣，发展个性，培养创新精神和合作精神，逐步形成积极的人生态度和正确的世界观、价值观。"同时，现行的《普通高中语文课程标准》要求高中学生"具有广泛的阅读兴趣，努力扩大阅读视野"；要求高中生"注重合作学习,养成相互切磋的习惯。乐于与他人交流自己的阅读鉴赏心得,展示自己的读书成果";要求高中生"学习鉴赏中外文学作品,具有积极的鉴赏态度,注重审美体验,陶冶性情,涵养心灵";希望高中生"在阅读与鉴赏活动中,不断充实精神生活,完善自我人格,提升人生境界"。

(三)锻炼中学生实际生活能力的功能

在中学语文课程的教学过程中,通常会举办报告会,开展新闻调查等综合性学习活动。在这些活动中,中学生的人际协调与合作,广告策划,搜集与处理信息等种种为生活所需要的动手与动脑的办事能力都得到了增强。从这一角度来说,中学语文课程具有锻炼中学生实际生活能力的功能。

(四)积累百科知识的功能

对于中学语文课程来说,听说读写是主要的活动。诸如文史哲经、数理化生、工农财贸、体育卫生、科技教育、地理天文等各门学科的相关知识,或婚丧喜庆、礼仪习俗、迎宾送客、人情世故之类的社会文化常识都可能成为中学生听说读写的内容。在听说读写这些内容的同时,相关知识也被中学生习得。从这一角度来说,中学语文课程具有积累百科知识的功能。

第二节 中学语文课程的教学目的与教学内容

一、中学语文课程的教学目的

语文学科的教学目的是全面提高中学生的语文素质。教学目的分总目的、阶段目的和具体目的,这是三个不同层次的目的。

总目的是指整个学科的教育目的,它通常由国家教育管理机构制定,以大纲的形式颁布。

我国第一个初中义务教育语文教学大纲为《九年义务教育全日制初级中学语文教学大纲（试用）》，该文件关于"教学目的"是这样表述的："在小学语文教学的基础上，指导学生正确理解和运用祖国的语言文字，使他们具有基本的阅读、写作、听话、说话的能力，养成学习语文的良好习惯。在教学过程中，开拓学生的视野，发展学生的智力，激发学生热爱祖国语文的感情，培养健康高尚的审美情趣，培养社会主义思想品质和爱国主义精神。"

2002年7月颁布的《全日制普通高级中学语文教学大纲（2002年修订版）》对教学目的的表述为：高中语文教学，应在初中的基础上，进一步提高学生的语文素养，使他们具有适应实际需要的现代文阅读能力、写作能力和口语交际能力，具有初步的文学鉴赏能力和阅读浅易文言文的能力。

阶段目的是指把语文学习的整个过程分为若干个学习重点不同但又是互为衔接的阶段，在每一阶段所要达到的目的。

具体目的是教师在教学时在总目的和阶段目的的制约下，根据教学内容、教学对象等具体情况而制订的教学目的。它是实现总目的的基础。具体目的如一册课本应达到的目的，一个单元应达到的目的，一个特定课题应达到的目的等。

二、中学语文课程的教学内容

教学内容主要指教师为达到课程目标，在教学的实践中利用教科书所提供的教学材料，选择恰当的语言材料传递课程内容所规定的目标信息。它既可以是教师对现成教材内容的使用，也可以是教师对教材内容的二度开发：处理、加工、改编、增删、更换等重构的教材内容。尽管中学语文教学的主要内容来自课本中的文章（课文），但语文教师仍然要慎重地选择教学内容。

一般说，中学语文教学内容由下列四个方面组成：语文基本素材（字、词、句）；语文基础知识（语法知识、修辞知识、文章读写知识、文学常识、口语交际知识）；语文基本能力（如阅读能力、写作能力、口语交际能力、综合运用语文的能力）；良好的语文学习习惯（如说普通话，熟读背诵课文、美文的习惯；规范书写，文面整洁美观的习惯；听、看时事，说、写评论的习惯等）。

此外，中学语文教学内容还包括情感内容：第一，培养学生的爱国主义精神，激发学生热爱祖国语文的感情，培养社会主义思想道德品质；第二，扩大知识面，努力开阔学生的视野，注重培养创新精神，提高文化品位和审美情趣；第三，引导学生形成正确的世界观、人生观、价值观，发展学生的健康个性，逐步形成健全人格。

第三节 中学语文教科书的编选与使用

中学语文教科书就是基于一定的教育方针和学生的发展阶段，经过选择的，编排好的，适于中学教学的语文用书，是简化了的系统反映中学语文科目内容的教学用书。

一、中学语文教科书的特性与作用

（一）中学语文教科书的特性

就我国来说，中学语文教科书有以下几个鲜明的特性：

第一，中学语文教科书是由具有条件的部门编辑，由国家领导的全国中小学教科书审定委员会审定的。

第二，中学语文教科书是由教育法规确定为中学必须采用的。

第三，中学语文教科书是中学语文科的主要的、基本的教科书。

第四，中学语文教科书是在小学语文教科书的基础上编辑并与之相衔接的。

第五，中学语文教科书是依据教育方针和语文内容要求而构成的语文知识和训练的双重联结体系。

第六，中学语文教科书的内容的正确和形式的完美程度要求超过任何一种书籍。

第七，中学语文教科书的价值和潜力都受到教科书制度和实际使用的制约。

(二)中学语文教科书的作用

第一,从教师方面看,设计完善的中学语文教科书是传授知识,训练能力的教学主导材料,是教学的最有价值的工具。它能使教师的教学能力得到提高,使教学质量得以改变。

第二,从学生方面看,设计完善的中学语文教科书是最重要的必读读物,是吸收知识的主要源泉,也是思考和语言训练的主要范本。它帮助学生学习,并使他们得到技能训练和教育培养。

第三,从编者方面看,设计完善的中学语文教科书是中学语文教育研究工作的一个结晶。它能反映自己的一般教育观念和学识水平,表明自己的审美观和设计技巧,同时能够推动某种语文教育思想和学术流派的发展。

第四,从政府方面看,设计完善的中学语文教科书是国家控制下的一种精神产物,它是反映政治经济制度和文化技术的一面镜子。它能适应国家的政治思想需要,促进民族的团结和国家的统一。

二、中学语文教科书的结构

与其他学科的教科书相比,中学语文教材的结构有明显的不同。其他学科教材,一般都以本学科的知识体系为线索,或由浅入深(如数理化),或由远及近(如历史),或由此及彼(如地理),按一定的逻辑顺序来编排内容。相对而言,语文教科书的结构要复杂得多,并有它特殊的构造。

(一)中学语文教科书的内部结构系统

中学语文教科书的内部结构,一般包括两条线索和四个系统。两条线索是指知识线索和能力训练线索。这两条线索要借助四个相互联系的系统,组织起全部的教学内容,这四个系统就是范文系统、知识系统、作业系统、导学系统。这四个系统的合理编组,便形成一套教科书的基本结构。

1. 范文系统

范文是中学语文教材特别是阅读课本的主体部分。在阅读课本中，范文也就是课文，在作文课本或语文基础知识课本中，范文有时叫作例文，用来揭示写作规律或印证某种知识的范例。把范文作为教科书的主体内容，并使之形成一个独立的系统，是语文教科书区别于其他学科教科书的一个鲜明特点。

2. 知识系统

中学语文教科书中的知识系统，从中学阶段语文教学的要求出发，应有自己确定的范围。知识系统包括读写听说方法的知识，文体的知识，语言的知识，逻辑的知识，文学的知识。

3. 作业系统

语文教学要培养中学生正确理解和运用祖国语言文字的能力。这种能力要靠中学生切切实实地动口、动手、动脑去"练"。"练"，要有目标，有计划，也要有指导。按照一定目标有计划地设计出一套"练"的方案或题目，便构成教科书中的作业系统。作业系统，有助于教师检测教学效果，中学生自测学习效果，有利于中学生消化基础知识，实现知能转化，形成语文能力。

4. 导学系统

导学系统又叫助读系统、提示系统，其实质性内容就是对学习的要求、重点和方法提示，对某些疑难问题诠释，对相关资料引述等。体现统一标准的导学材料常见的有"编辑说明""单元学习要求""单元教学内容支配表""课文预习提示""课文自读提示""作前指导""注释""题解""作者简介""参考资料""复习提要表"及某些附录材料等。

(二) 中学语文教科书的结构类型

中学语文教科书中的范文系统、知识系统、作业系统和导学系统可以有各种不同的组织编排方法，从而形成教科书在结构上的不同类型。

综观几十年来中国中学语文教科书的编制，其基本结构大致可以分为两类：一类是分编型，一类是合编型。

1. 分编型

所谓分编型，就是把范文系统、知识系统和作业系统包含的内容，分别编制成几种教科书。这在实践上曾经做过不同的尝试，主要有两分法和多分法。

(1) 两分法就是把教学内容分别编制成两套教科书，类型有文言、白话分编，文学、汉语分编，阅读、作文分编（表1-1）。

表1-1　两分法类型

项目	相关表述
文言、白话分编	在范文系统中，原有文言、白话两种不同的语体。这两种不同语体的文章，可以混合在一起编入教科书，也可以分开来，互不相扰地分别编入教科书
文学、汉语分编	文学属于艺术范畴，汉语属于科学范畴，二者的学习要求和学习规律不同，所以这二者不能"混合教学"，应编制文学和汉语两套教科书。文学教科书，在初中阶段按文学体裁编选范文，高中阶段按文学史顺序编选范文。汉语教科书，按语音、文字、词汇、语法、修辞的体系编写教学内容，不再编配范文
阅读、作文分编	读和写尽管联系密切，但前者重在理解和吸收，后者重在表达和倾吐，有各不相同的培养途径和学习方法。阅读教科书，以范文系统为主体，配以知识系统、作业系统和导学系统；写作教科书，以知识系统为主体，配以范文系统、作业系统和导学系统。这类阅读、写作分编教科书，对于听说能力训练和语言基础知识讲授，有各不相同的处理方法
读本、练本分编	在一般课堂使用的读本以外，再把作业系统独立出来编成一本练习册，二者配合使用
课内、课外分编	在一般课内使用的读本以外，再编一本课外阅读材料；还有把阅读和写作合编一本，再另编语文基础知识读本

第一章 走进中学语文：中学语文课程与教学总论

(2)多分法。就是把教学内容分别编制成三种或三种以上的教科书。具体又有繁化多分法、简化多分法。

繁化多分法：中学语文教科书中的范文系统和知识系统，包含的内容是多方面的。如果把其中一些内容独立出来，分别编成教科书，那就可以编制出多套教科书来。

简化多分法：如果将头绪稍加简化，那就可以把语文教学内容归纳为阅读、写作、听说和语文基础知识四项，按这四项分别编制阅读教科书、写作教科书、听说教科书、语文基础知识教科书，由繁变简，便是简化多分法。

分编型教科书的优点首先是知识讲授的系统性较强，但也有一定的不足，首先是范文系统、知识系统和作业系统之间，以及范文系统内部、知识系统内部各方面的知识和能力之间，难以处理好相互的联系和沟通。其次，一个任课教师同时使用多种教科书，要求高，负担重，教师要有足够的时间、精力和水平，否则难以驾驭。

2. 合编型

合编型，就是把语文教学内容混合编制成一种教科书。合编型也有不同的"合"法：范文选编法、主次配合法、综合组元法(表1-2)。

表1-2 合编型的不同"合"法

项目	相关表述
范文选编法	这是中国传统的教科书编制法。用这种方法编制的教科书，全书都以精选的范文为主体，如《古文观止》
主次配合法	具体又有不同的体例：第一，以培养阅读能力为主，穿插配合其他。这种体例的合编型教科书，以范文系统为主体。在编排时，或按文体，或按内容，或按时代把范文组成单元。在范文系统的各单元之间，穿插编入一篇听说读写基础知识的短文，短文前后保持联系，形成一个知识系统。第二，以培养写作能力为主，有机配合其他。这种合编教科书，也以范文系统为主体，但范文的选择和编排主要服从于培养学生写作能力的目的。第三，以传授语文基础知识为主，相应配合其他。这种体例的合编书，把语文基础知识分解成若干项目，选编相应的范文

· 11 ·

续表

项目	相关表述
综合组元法	就是在一个单元中包容了范文阅读、写作和听说训练，以及各种相关知识的讲授等多方面的内容，这些内容在特定的教学目标制约下，彼此沟通、彼此联系，形成一个相对独立的、听说读写综合训练的整体。综合组元法的编制难度尽管比较大，但因为体现了语文教学的综合性和整体性特点，所以成为当前合编型教材的发展趋势，并呈现出多姿多彩的局面

三、中学语文教科书的编选

中学语文教科书的编选并不是盲目的，而是必须遵循一定的原则。具体来说，中学语文教科书的编选原则主要有以下几个：

（一）科学性原则

中学语文教科书编选的科学性原则就是在选编中学语文教科书时，要对教科书的各部分做出合理的选择和组织。具体来说，中学语文教科书编选的科学性主要表现在以下两个方面：

第一，文章选读、语文知识和写作训练三种课本的分工与配合要合理。中学语文教科书的科学性首先体现在文章选读、语文知识和写作训练的联结和区别上。从联结的一面看，把它们穿插起来，糅合成一体，可以相互配合；而从区别的一面看，分别编写，独立施教，可以各自保持严格的体系。为了完成语文科知识的、能力的及美育的教育任务，分别建立各自的体系，是较为可取的。但是在采取这种方针时，应处处考虑到三者之间的联系，使它们在教学上不是三门课，而是一门课的三个部分。

第二，合理安排语文知识体系和语文训练体系。中学语文教科书的科学性，也体现在语文知识体系和语文训练体系上。其中，语文知识体系应由文字、语音、语法、修辞、逻辑、读说写等基础知识和文学基础知识（文学史和文学理论基础知识）等构成，按学生学习语文的心理发展过程，由易到难，由简到繁，逐步加深的组成逻辑序列，依次向前发展，体现出渐进性。语文训练体系应和语文知识体系相适应,组成自己的逻辑序列,遵循循序渐进的原则,由词句到篇章,由记叙体到议论体,由科学体到文学体,由单项训练到综合训练,由片段训练到整体训练。此外,语文知识体系和语文训练体系都必须具有全面的内容,这主要表现在三个方面:一是教科书的知识体系和训练体系要兼顾观察力、思考力、想象力和记忆力等全面的教育内容,使它们互为条件,相互制约,相互促进,同时必须把观察、思考、想象和记忆的结果用语言表达出来,使语言教育目标同时得到实现;二是教科书的知识体系和训练体系应包括政治读物、科技读物和文学读物三类读物的阅读知识和阅读能力的训练,它们又应穿插安排,不同年级又各有侧重,即使之前后衔接,相互吸收,又彼此交叉,相互配合;三是教科书的知识体系和训练体系要兼及听说读写四种知识和能力训练的内容,并使之相互联结,协调并进。

(二)效率性原则

中学语文教科书编选的效率性原则就是在选编中学语文教科书时,要确保这种教科书可以使中学生更快地获得语文知识和能力。为此,在编选中学语文教科书时,要特别注意以下几个方面:

第一,在安排阅读教科书和写作教科书时,文章阅读可适当采取大单元集中组织法,写作训练则可采取同一体裁集中指导法。这虽是一种编排技术,但对提高效果和效率的关系很大。所谓大单元集中组织,就是根据相似性原则,围绕一个中心,把若干课文组织成一个单元,或指导学生反复习作同一种文体,以便通过相对集中训练,突出一个目标,达到深入、强化之效。

第二,在编辑中学语文教科书时,应尽可能采取既利于提高教学效果,又利于提高效率的体例。比如,阅读教科书,可在每篇课文或每一单元前加编者按语、作者和时代背景介绍、题解、学习目的说明和预习要点等,为学生提供资料和思考线索;在课文下面附文字注释,文言词语的注释,以减少翻检工具书的麻烦;在课文或单元后边,安排评价文字、思考讨论题和应用练习题等,以加深理解和学会应用。这样,既可减少教师的课内讲授时间和学生查找资料、记笔记的时间,又利于预习和复习,使学生成为主动的探索者,从而提高效果和效率。又如,写作教科书除提供写作知识和可供模仿的范文外,还要附有对范文的分析评价文字,以及可供选择的文题和为学生提供写作材料等，使学生有所遵循。

第三，在选择中学语文教科书内容，设计思考练习题，编写教学指导书等方面，都应利于阅读和写作效率的提高。这可以考虑从具体环境和情境出发编选教科书，即把实在的生活环境和真实情景编进教科书，或设计具有实际针对性的思考练习题目，使语文学习和现实生活直接联结起来。也可以考虑在教科书中多设计没有声音干扰的默读，泛览全文的泛读，领略大意的略读，寻觅要点的跳读，限定时间的限时阅读和限时作文等训练方法，以达到提高读写效率的目的。

（三）系统性原则

中学语文教科书编选的系统性原则就是在选编中学语文教科书时，要考虑到各个有关方面，以做出全面的、统一的安排。为此，在编选中学语文教科书时，要特别注意以下几个方面：

1. 充分考虑语文科和德、体、美育的关系

从全面发展的观点来观察问题，德、智、体、美是一体的，它们从来都相互影响、相互制约。语文教科书作用的发挥，离不开学生思想觉悟的提高，体质的健全和情操的陶冶。而语文课时的设置，教科书分量的安排，应用作业的设计，也必然影响德、体、美育的效果。因此，在编选中学语文教科书时，片面增大教材分量，加强深度、难度，不利于学生的思想提高和身体健康，是违背统筹原则的；轻视本身的教育价值，降低要求，使它不能为德、体、美育提供有利条件，也是违背统筹原则的。

2. 充分考虑语文科和其他学科的关系

编选中学语文教科书，应充分考虑它与其他学科的联结和配合。从内容方面说，语文科应包括社会科学内容，以与政治、历史科相通，还应包括自然科学内容，以与数、理、化、生等学科相应。不考虑现代科学内容，只从体裁、技巧等方面考虑教科书的编选，无疑是割裂了语文和生活的联系。我们过去的教科书，只注意了政治内容，偏重了它和社会政治生活的关联，而忽视了它和现代的科学生活、文化生活等的关联。从课时方面说，让一个起学习工具作用的学科为其他学科让路，固然不适当；不考虑知识的急剧发展，一味强调语文的特殊作用，以致削弱其他学科

的课程比例,自然也是不当的。

3. 充分考虑语文教科书的配套问题

一套完整的中学语文教科书,要包括教学大纲、课本、教学指导书和思考练习设计手册等。有了这四种文字材料,才算是有了完整的教科书。

(四)适应性原则

中学语文教科书编选的适应性原则,指的是所编选的中学语文教科书必须要有适应性。对此,可以从以下两个方面进行衡量:

1. 是否与现代社会生活的需要相适应

中学语文教科书要适应现代生活,即中学语文教科书必须面向社会、面向现实、面向生活,以使学生借助它了解人生,关心社会,建设国家。过去,人们编写阅读教科书,往往只着眼于历史上的名家名篇,不管它的内容和语言是否脱离现实社会。可以说,我们过去注意了语言标准,而忽视了文化标准。现在,我们应该认识到,编写中学语文教科书应从以下两个方面力求增强适应性:

第一,要做到内容适应。无论是阅读教科书、写作教科书,还是语文基础知识教科书,其内容都要涉及社会政治生活、科学技术生活、文化艺术生活和广大的自然界,以扩大眼界,丰富知识,培养社会生活的适应能力。

第二,要做到体类适应。中学语文教科书的体类既应广泛多样,又应有所侧重,它一方面应包括童话、寓言、民间故事、小说、诗歌、戏剧、散文、杂文、科学小品文、书信、传记、游记、序跋、文论、史论、政论及各种类型的科学说明文等;另一方面应确立以散文为主的原则。不同的体类对中学生听说读写能力的形成,具有不同的作用。对于各种体类,我们应既求其多,又求其作用大。

2. 是否与各地不同情况的需要相适应

为使中学教科书适应情况迥异的普通中学,可以编写多种多样的并行教科书。我们的国家这么大,城市和乡村,内地和边疆,教育部门领导的学校和其他部门直属的学校情况各异，一向存在着社会条件多样性的特点。针对这一情况，可以在保证各地中学生都能均衡发展的前提下，针对不同环境形成的不同现实，编写多种多样的中学语文教科书。它们在内容范围、篇幅、组织原则、教学进度和编排方法等方面都可以有所不同，使每所学校都能根据自身的实际条件自行选择。

在这个大前提下，为了使中学语文教科书具有更大的适应性，还可以进一步考虑，同一套教科书可多编进一些读写课文成语文知识，在同一种教科书内部反映出一定的弹性，以便使教师有取舍和调整的余地。

（五）发展性原则

中学语文教科书编选的发展性原则，指的是在编选中学语文教科书时不仅要看到现在，还要预见未来；不仅要依据现有水平，还要考虑即将达到的发展水平。为此，在编选中学语文教科书时，要确定每隔一个时期修改教科书的计划。中学语文教科书每隔一个时期就要修改，是由诸多因素决定的。社会的发展，科学知识的发展，学生智力的发展及教师水平的提高，必然促使中学语文科发展变化。而这些主要的变化，就要反映在中学语文教科书上。因此，虽然依据人们的一般心理，很希望中学语文教科书稳定下来，但稳定性只能是暂时的。克服落后性，增强发展性，则是客观形势提出的经常性要求。此外，在编选具有稳定性的中学语文教科书时，还要考虑到这一时期的需要。一部有使用价值的中学语文教科书，必定是符合一个时期需要的教科书。为使中学语文教科书具有稳定性，就要既立足于眼前，又要看到一个时期以内可能出现的情况，使中学语文教科书既能反映现在，又能反映前景。

四、中学语文教科书的使用

中学语文教科书编得好坏与教学质量的高低关系匪浅，中学语文教科书使用情况如何也关系教学成果的大小。语文教科书在语文教学中虽然非常重要，但毕竟只是达到教学目标的工具之一，而非唯一的凭借，更不是教师的替身。不管教科书编得如何完善，有效的教学还是来自教师而不是教科书。过去有过所谓"教教科书"时代，现在则早已是"用教科书"的时代了，教科书同教师比较而言，强调的是教师的主导性而不是

教科书。具体而言,教师在使用中学语文教科书时,要特别注意以下几个方面:

第一,教师要以一种语文教科书为主,可以同时陈列若干种其他语文教科书供学生自由阅读。

第二,教师必须熟悉教科书,把握教科书,运用教科书。首先,出于自身理解的需要,要把握教科书的内在实质和外部标志,进而出于为使学生理解和掌握的需要,使自己的理解向外延伸、扩展。这要求根据教学的实际,预想到学生的反应,可能出现的问题及相应的答案等。

第三,教师要使教科书真正成为学生手中的学习工具,学生成为使用教科书的主人。教师要着力指导学生自己阅读课文,并参照注释、提示思考课文和练习题,试着评价课文,以培养他们独立钻研的精神和运用教科书的能力,最终使学生摆脱被教科书束缚的被动地位,成为使用教科书的主人。

第四,教师要围绕教科书,准备好一切辅助性教材和相关资料,作为教科书的有力配合,使教科书的作用发挥到最大限度。

第五,教师要根据语文教科书和其他学科教科书在内容方面的关联,谋求相互间的配合;还要调查本地区的情况,以补充乡土教材。

第二章　以理论为先导：中学语文教学设计的基本理论

中学语文学科教学设计是对中学阶段的语文学科教学进行总体设计，也是对这个阶段的每一个年级，每一个单元，每一篇课文，每一节语文课进行针对性的设计。前者是广义的中学语文教学设计，后者是狭义的中学语文教学设计。不管是广义的中学语文教学设计还是狭义的中学语文教学设计，都要把中学语文学科作为一个系统来统筹安排。中学语文学科教学设计是一个有组织的系统，应建构有序的中学语文学科教学设计体系，避免中学语文学科教学设计中的随意性、经验性、盲目性，强化中学语文学科教学设计的科学性、系统性、组织性。本章就中学语文教学设计的基本理论进行探究。

第一节　中学语文教学设计的原理与依据

一、中学语文教学设计的原理

在中学语文学科的发展历程中，语文学科教学设计也从历史悠久的心理学、哲学、美学、方法论、文章学原理中吸收营养，逐步发展出语文教学设计原理。具体来说，中学语文教学设计的原理主要有以下几个：

（一）中学语文教学设计的心理学原理

心理学自诞生以来，就深刻影响着各科教学的发展，语文学科教学

第二章 以理论为先导：中学语文教学设计的基本理论

自然也不例外。自觉地在心理学原理指导下进行语文教学设计，是语文教学设计走向科学化的标志。具体而言，在中学语文教学设计中，必须遵循以下几个心理学原理：

1. 要针对以词语为条件刺激的第二信号系统进行语文教学设计

生理学家巴甫洛夫提出了经典性条件反射理论，他把用词语作为条件刺激所形成的反射系统叫作第二信号系统，把用具体事物作为条件刺激所形成的条件反射系统叫作第一信号系统。美国心理学家斯金纳提出的操作性条件反射理论，通过对动物行为的实验研究，认为人可以通过词语作为条件刺激物建立无限级的条件反射。

基于此，在进行中学语文教学设计时，应对学生的第二信号系统施加有效的影响。为此，要特别注意以下几个方面：

第一，要寻找刺激因素，即寻找足以让学生兴奋起来的刺激因素。

第二，要形成刺激中心，包括以疑激思，以悬激思，以异激思，以难激思。

第三，要讲究刺激艺术，包括适时、适度、适当的刺激。

2. 要着力于右脑开发进行语文教学设计

中学语文学科教学设计要着眼于为学生开拓思维空间，尤其是形象思维空间；把教学过程设计得轻松自然，富有浪漫情调；运用多种刺激手段，开通多条交流通道；多一些宽容，鼓励学生进行新的组合。

3. 要以融知情意为一体的目标追求进行语文教学设计

中学语文学科教学设计追求交汇性的目标组合，包括目标多元、目标并存、目标联动；追求迁移中的心理内化，包括满足需求心理，激发情感意趣，引发求异创新；追求生活里的言语世界，包括将语言知识转化为言语能力，课内语文和课外语文的结合，言语活动中的情感参与，接触和思考生活。

（二）中学语文教学设计的哲学原理

中国古代教育哲学逻辑结构的基本脉络，可以用《中庸》中的"天命之谓性,率性之谓道,修道之谓教"三句话来勾画。这种"天人合一"的思想看起来似乎是归属于人本主义的,只不过它关注的并非人的自身个性的发展,而是把人性与天道联系起来,使人性道德化,而教育就是要把道德修养放在首位,就是要从人的内在本性来改变人的气质。这种哲学思想,对中国教育产生了全方位的影响。后来,我国在教育思想方面引入了科学主义和人本主义的哲学思想。这些哲学思想确实给我们送来过新鲜的空气,但在我们的教学思想、教育观点中积淀最深的还是儒学之道,只不过其表现形式发生了某些变异。具体来说,这些对中学语文教学设计的影响,主要表现在以下几个方面:

1. 要结合多样化的哲学思想进行语文教学设计

中学语文教学设计是科学性的问题,应从科学主义哲学中吸收系统论等科学方法论的思想内涵,以建构中学语文教学设计的科学体系。此外,中学语文教学设计要满足不同个体的要求,就必须以人为本。也就是说,在中学语文教学设计中要把人文化的内容渗透到语文教育中,这正是中国传统的儒家教育"文以载道"教育原则的运用。

2. 要结合复杂的主客体关系进行语文教学设计

在中学语文教学设计中,教师是主体,对整个教学过程进行精确的预设。而学生是学习活动的主体,在教师指导的学习活动中发挥主观能动性。因此,教师必须站在学的角度来进行教的设计,有服务于学生的学的设计理念,并要留给学生自行设计的空间,以便教学设计更加符合学生的需求,取得良好的教学效果。

3. 要以辩证统一的思想为指导进行语文教学设计

中学语文教学设计必须贯彻"文道统一"的原则;要体现语文的基本特性,即处理好学与思的关系,知与行的关系,故与新的关系;必须立足于学生的学,处理好教与学的关系,并在此基础上致力于建立新型的教学关系。

(三)中学语文教学设计的美学原理

在进行中学语文教学设计时,需要遵循一定的美学原理,具体如下:

第二章 以理论为先导:中学语文教学设计的基本理论

1. 要抓住美感进行语文教学设计

美感是审美主体对审美客体的一种感受,在进行中学语文教学设计时,必须融入美感的内容。具体来说,在进行中学语文教学设计时,要让学生充分领略语文学习中的各种美的信息;让学生根据自己的意愿进入感兴趣的区域,满足学生不同的审美需求;留给学生新建的空间,让学生把自己的所感、所想、所得都放入其中。

2. 要在语文教学设计中再现语文的美

在进行中学语文教学设计时,要精心策划再现学生生活中的感受,与课本中反映的生活情境联系起来。具体来说,就是要再现课文中美的意境,调动学生的情感;再现教学中美的意境,即师生关系和谐之美;再现语言的美,即课文语言的美,教师教学语言的美。

3. 要在语文教学设计中再造美的语文

在进行中学语文教学设计时,把语文融入生活,能够丰富或改变学生的人生,甚至为学生创造新的人生,让学生有美的心灵,能感受到生活中的美,能微笑着面对生活。

4. 要以合乎美学的节奏进行语文教学设计

中学语文教学设计要和谐中显奇异。其中,和谐就是主客相容,情景交融,神形兼容;奇异就是诱发奇趣,激发奇情,引发奇论。为此,中学语文教学设计要常式中生变式,即观念、内容、手段要富于变化。

5. 要针对美育进行语文教学设计

在进行中学语文教学设计时,要让学生关注大千世界,领悟真善美;激发学生的热情,懂得热爱生活,用心体验生活,并尽情创造生活;使语文学习过程成为学习心理最为满足,情感体验最为愉快,创造思维最为活跃的灵动过程。

(四)中学语文教学设计的方法论原理

中学语文教学设计在方法论原理中寻求整体的设计思路,把语文学科教学设计置于一个体系中统筹规划,达到目标、过程、结果的一致。具体而言,方法论原理对中学语文教学设计的影响主要有以下几个:

1. 要充分认识到教学过程是三方耦合的信息系统

所谓耦合,概括来说就是指两个或两个以上的实体相互依赖于对方的一个量度。在语文教学中,信息耦合不是双方,而是三方,即作者、教者、学习者,构成三维的信息空间。其中,作者是教学信息的主要信息源,是教与学的中介;教者是教学系统的主导者,是一个重要的信息源,直接向学习者发送信息,同时还是一个信息接收者,接收作者与学习者发来的信息;学习者既接收教者和作者发来的信息,又是信息的输出者,向教者输出信息。在这里有一点需要注意的是,在这三维关系里,没有采用传统的"教材"的提法,而是用"作者"。这对于准确把握阅读教学系统中诸要素的关系是非常关键的。如果教、学双方仅仅把课文当作认知的对象,而无视课文的作者,势必会就文论文地获得些表象性的信息,甚至导致认知上的差错。只有由文及人,把作者作为一个活生生的信息源,才能获取更丰富,更鲜活,更本质的有效信息,也才能真正形成三维的立体信息系统。正因为如此,这个系统中的信息也就增加了不确定因素。

对于中学语文教学来说,其过程从本质上来说就是教者、学习者、作者三方耦合的信息系统。之所以成为一个耦合系统,是由于其中确切的回流信息联系。教学信息过程一旦"引起",其中的任何一次信息流通都可以被看作是上一次信息流通后对接收者的反馈。因此,在进行中学语文教学设计时,必须准确把握课文提供的信息,采取最适合学生的形式进行信息传递,使教者、学习者、作者心心相印;要有助于教师诱导启发,触动学生的情感,融入作者的情感世界,形成情感上的耦合;要有助于教师和学生领悟、欣赏作者的审美情趣和审美倾向,形成共鸣,达到美学上的耦合等。

第二章 以理论为先导：中学语文教学设计的基本理论

2. 要充分认识到语文教学过程是一个开放的"社会活动系统"

教师和学生是中学语文教学过程中主要的直接参与者，他们在一定的空间进行有目的、有计划的社会活动，而且这种社会活动在形式和内容上都有开放性的特点。教师与学生都是社会角色，都有社会角色的职责与任务，因此它必须向整个社会开放。教师与学生所从事的活动是社会活动，具有社会活动的共性，因此它天然地与社会生活有千丝万缕的联系。

基于此，中学语文学科教学设计必须使教与学相适应，使教师与学生对彼此的信息尽量认同；中学语文学科教学设计必须使教学与生活相适应，学习言语系统必须向社会开放；中学语文学科教学设计必须使教学与社会需求相适应，语文教学系统应该是创新思维系统；中学语文学科教学设计必须使教学与自我发展相适应，学生根据自己的兴趣、意愿自由地表达思想感情。

3. 要充分认识到语文教学过程是一个"特殊的可控系统"

中学语文教学过程是可控的，而且中学语文教学系统思维方法更多带有软思维特征。因此，学者们认为，中学语文教学过程是一个"特殊的可控系统"。基于此，在设计中学语文教学系统控制策略时，要做到立足于有利学习，着眼于人才素质，兼顾正负反馈。所谓正反馈，是指系统的给定信息与真实信息的差异倾向于加剧正在进行的偏离目标的运动，使系统趋于不稳定状态。所谓负反馈，是指系统的给定信息与真实信息的差异倾向于反抗正在偏离目标的运动，使系统趋于稳定状态。在控制系统中，一般是用负反馈来调节和控制系统去做符合目的的运动，服务于主体意识，适从于具体情境。

(五)中学语文教学设计的文章学原理

在中学语文教学设计中，文章学的思路和结构原理发挥着重要的指导作用。

1. 文章学的思路原理对语文教学设计的指导

依据文章学的思路原理，中学语文教学设计是为了帮助学生更顺利、迅捷地通向学习目标。语文教学思路受到教学目标的制约,中学语文教学设计受制于规定的教学内容,中学语文教学思路是理性、被动的。

2. 文章学的结构原理对语文教学设计的指导

依据文章学的结构原理,在进行中学语文教学设计时,要确保教学步骤要简明,而且教学步骤之间有必然的联系。具体来说,开头要吸引学生进入情境,即有好的导入设计,如诱发兴趣导入、提问质疑导入、设置悬念导入、激发情绪导入、联系旧知导入、介绍背景导入等;结尾是情感的、逻辑的必然,即有结束课堂的艺术,如画龙点睛、首尾呼应、总结归纳、比较拓展、引而不发、巧妙牵引等。另外,在进行中学语文教学设计时,要注意采用言语过渡和非言语过渡两种方式,优化教学过程,如多种语句过渡;音乐、图像、画面、挂图、实验操作、实物模型、多媒体教学课件过渡等。此外,中学语文教学设计也讲究技巧,尤其是从何处切入特别要讲技巧,如从理解生疑处发问,激发兴趣;于教学重点处下手,直通目标。

二、中学语文教学设计的依据

在进行中学语文教学设计时,要想取得良好的成效,必须依据以下几个方面:

(一)《语文课程标准》

《语文课程标准》是由国家教育行政部门制定和颁发的,是规范语文教学实践的指导性文件。它是语文教学及语文教学研究的纲领性文件,也是语文教学设计的重要的依据。事实上,语文教学设计中大到设计的基本理念,小到教学设计中的各个因素,无一不受《语文课程标准》的制约。因此,在进行中学语文教学设计时,必须要依据《语文课程标准》。

中学语文教学设计是把《语文课程标准》具体化、操作化,两者在精神追求上是一致的。作为下位概念的中学语文教学设计必然要受《语文课程标准》的制约,《语文课程标准》决定中学语文教学设计的方向和行动纲领。当然,中学语文教学设计并非机械执行《语文课程标准》的指令和要求,也可以根据师生语文学习的具体情况努力做相应的调整,达成

《语文课程标准》设定的目标。具体来说,根据中学语文教学设计在语文教学中实施的情况,能够检验《语文课程标准》的社会适应性,据此修订《语文课程标准》。

(二)语文教材

不管是传统课程的教学,还是新课程的教学,总是要用教材教的。教材是教与学的凭借。教师凭借教材教学科知识,学科学习的方法,并让学生在学科学习实践过程中形成、提高学科学习能力,培养学生的科学精神和人文素养。因此,在进行中学语文教学设计时,也要充分考虑到语文教材。

(三)学生的特点

《语文课程标准》体现的是社会对语文课程提出的要求,它是以中华人民共和国教育部文件的形式颁布实施,是自上而下的形式。在进行中学语文教学设计时必须将其内化,落实到教师的教学行为中。而学生的特点体现的是语文学习的个体对语文课程提出的要求,它没有固定的形式,却是客观存在的,而且对语文教学有着重要的影响。此外,教学活动是教与学的双边活动,"教"的任务就是组织和促进学生学习。因此,在进行中学语文教学设计时必须充分考虑学生的特点,并切实将其作为设计的出发点。

(四)教师的情况

中学语文教师的实施者是教师,同时教师是学生学习的引领者。因此,在中学语文教学设计时,教师必须对自己做分析,有较为客观的了解。具体来说,教师对自己的分析、了解包括知识结构、思维优势、生活积累、教学风格、表述特点、师生关系等内容,这些都是最终确保中学语文教学设计方案有效实施的条件。与此同时,设计者还要与学科领域内的其他教师进行交流,以便明确那些对激发兴趣具有潜力的主题、方法、教学资料和各种活动等。此外,在进行中学语文教学设计时,也要充分考虑到教师的教学经验。

(五)教学实际需要

教学设计是一种教学活动的设想,但不是脱离实际的幻想。脱离了教学实际,也就谈不上进行教学设计。换句话说,教学设计就是为满足教学实际需要服务的。因此,在进行中学语文教学设计时,要切实依据教学活动的实际需要。

教学活动的实际需要具体体现为教学内容、教学环境条件、学生实际等因素。因此,教师在进行中学语文教学设计时,首先要确定符合教学实际的教学目标,明确教学任务;其次要围绕教学目标分析和处理教材,确定教学内容;最后要根据教学环境、教学条件等各种教学因素综合考虑设计教学活动,选择教学策略和确定评价手段,使教学设计立足于满足教学实际的基础上,发挥它对教学活动的指导作用。

第二节 中学语文教学设计的理论基础

中学语文教学设计需要理论支撑,其中最有支撑力的理论有以下两个:

一、中学语文教学设计的学习理论

中学语文教学设计必须以学习理论为支撑,具体包括以下几个:

(一)行为主义学习理论

1. 行为主义学习理论的基本观点

对于中学语文教学设计来说,行为主义学习理论为其奠定了理论基础。行为主义学习理论认为,学习的过程就是改变的过程,心理学研究的重点应是可观察到的外显行为,重视环境对个体行为的影响,在教育

第二章 以理论为先导：中学语文教学设计的基本理论

上主张奖励与惩罚兼施。在行为主义学习理论的发展中，桑代克、巴甫洛夫、斯金纳等都做出了重要贡献。

（1）桑代克的联结主义理论

桑代克是20世纪上半叶著名的心理学家，为了解释学习的过程，他设计了一个实验问题箱（图2-1）：饿猫被关进里面，若拉开箱内装的脚踏板，便可打开箱门并获得食物。桑代克发现，猫一开始进入箱子只会乱咬、乱跑，偶然触动了脚踏板逃出且获得食物后，再反复把猫关进箱子，猫最后一进入箱子就能打开门。

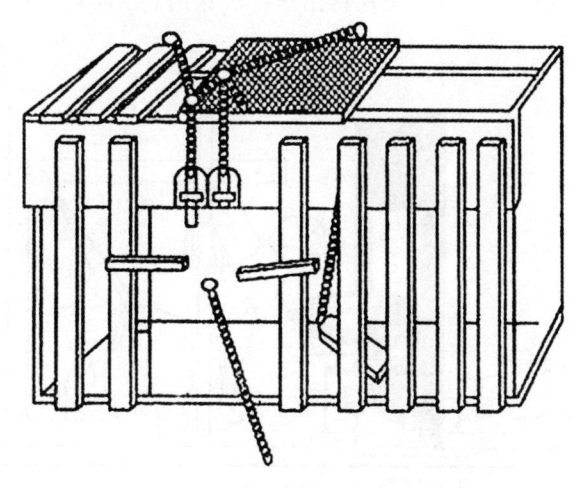

图 2-1　桑代克设计的实验问题箱

桑代克认为，学习的实质就是有机体形成"刺激"与"反应"之间的联结。有机体在尝试错误的过程中因偶然的成功（即强化）逐渐获得刺激和反应之间的联系，再通过反复练习进而获得了经验，建立了联结。个体在一种刺激中获得的刺激与反应之间的联结，将对其他类似情境中建立新的刺激与反应联结有训练迁移作用。在这个过程中，无关的错误的反应逐渐减少，而正确的反应最终形成。他这一理论也被人们称作"试误说"。

桑代克通过大量的人和动物的实验，总结了三条学习定律，具体如下：

第一，准备律。强调学习开始前预备定势的作用，用于对学习的解释及动机性原则。

第二,练习律。强调联结的应用。

第三,效果律。当刺激与反应之间建立的可以改变的联结发生并伴随或紧跟着一个满意的事情时,联结的强度就会提高;当伴随或紧跟着一个厌恶的事情时,联结的强度就会下降。

(2)巴甫洛夫的经典性条件反射理论

在桑代克提出了联结主义理论后,心理学家巴甫洛夫以此为基础,提出了经典性条件反射理论。所谓经典性条件反射,就是某一刺激的替代过程,即用一个新的、中性的刺激(条件刺激)替代原先自然引起的无条件的刺激反应。巴甫洛夫在得出这一理论时,借助了一个特殊的实验(图2-2)。

图2-2 巴甫洛夫设计的实验

在这个实验中,他会在每次向狗摇铃半分钟后再将食物给狗,并对狗吃食物时的唾液反应进行了详细记录。经过研究发现,在将铃声和食物进行了多次结合后(即强化),即使只摇铃而不给食物,狗依然会出现唾液分泌。也就是说,原本与狗的唾液分泌无关的铃声逐渐成为狗进食的"信号",这便形成了条件反射。不过,一旦长期只给铃声不给食物,狗便不再出现唾液反应,即条件反射会消退。通过这一实验,巴甫洛夫提出条件反射的情境涉及四个事项,两个属于刺激,两个属于机体的反应。第一个刺激是中性刺激:它引起预期的,需要学习的反应,在条件反射形成之前,即条件刺激——在巴甫洛夫的实验中就是铃响。第二个刺激是无条件刺激:它在条件反射形成之前就能引起预期反应(本能)——条件反射形成之前,出现了肉,就引起唾液分泌。无条件刺激的唾液分泌反

第二章 以理论为先导：中学语文教学设计的基本理论

应叫作无条件反应，这是在形成任何程度的条件反射之前就会发生的反应。由于条件反射的结果（被刺激）而开始发生的反应（流口水）叫作条件反应，即没有肉，只有铃响的唾液分泌反应。当两个刺激紧接着（在空间和时间上相近）反复地出现，就形成条件反射。通常，无条件刺激紧跟着条件刺激出现，条件刺激寄生于无条件刺激。条件刺激和无条件刺激相随出现数次后，条件刺激就逐渐引起唾液分泌，这时，动物就有了条件反应。一个中性的条件刺激（铃响）现在单独出现即可引起条件反应（唾液分泌）。

以巴甫洛夫为代表的经典条件作用论者认为，行为的形成或改变（学习结果）是刺激与反应之间的联系而建立的联结，这种联结的形成是由于条件刺激与无条件刺激在时间上的结合，使条件刺激对无条件刺激产生替代作用，引起原先只能由无条件刺激才能引起的反应，形成了条件刺激与反应之间的新联系。因此，只要能够了解无条件刺激与有机体之间的关系，就可以设计并控制条件刺激，形成所需要的反应，建立预期的联系。

（3）斯金纳的操作性条件反射

斯金纳在得出操作性条件反射理论时，借助了著名的"斯金纳箱"动物实验。该实验是在箱内放进一只白鼠或鸽子，并设一杠杆或键，箱子的构造尽可能排除一切外部刺激。动物在箱内可自由活动，当它压杠杆或啄键时，就会有一团食物掉进箱子下方的盘中，动物就能吃到食物。箱外有一装置，记录动物的动作。

斯金纳通过实验发现，虽然人类学习行为的性质比动物复杂得多，但也要通过操作性条件反射。因此，斯金纳实际上也是操作条件作用论者。他认为，有机体的反应并不是某种情境中的刺激诱发出来的，而是自发产生的。有机体在情境中会对刺激做出多种反应，当某种反应得到强化时，这种反应就会得到保留，发生的概率也会相应提高，不断强化会导致在该情境中做出该反应的趋势，这样，该反应就与情境刺激之间形成了一定的联系，这种联系即操作条件反射——习得的行为。由此，斯金纳认为人的一切行为几乎都是操作性强化的结果，人们有可能通过强化作用的影响去改变别人的反应。在教学方面，教师充当学生行为的设计师和建筑师，把学习目标分解成很多小任务，并且一个一个地予以强化，学生通过操作性条件反射逐步完成学习任务。

2. 行为主义学习理论对中学语文教学设计的影响

行为主义学习理论对中学语文教学设计的影响,主要表现在以下几个方面:

(1)影响中学语文教学设计的目标

依据行为主义学习理论,在进行中学语文教学目标设计时,要注意将教学期望明确以学生所能显现的行为表述出来,而学生能按要求实现行为即意味着达到了预期目标。

(2)影响中学语文教学设计的内容

在中学语文教学内容的设计上,提倡根据程序教学原理编制教材。也就是说,在编制教材时,将知识按照其内在的逻辑联系分解成一系列的知识点,然后将知识点组合成一套前后衔接、逐步加深的训练程序,让学生按照这个程序渐进地学习每一个知识点。在每一个知识点的学习过程中,及时向学生提供学习结果的反馈和矫正补救的机会,使学生最终能够掌握所有的知识点。

(3)影响中学语文教学设计的方法

有机体任何一项联结的获得都是刺激和反应反复作用的结果,重复练习对联结的形成十分必要。对于书写和朗诵的技能,重复练习是必要的,但对思维要求比较高的阅读理解和作文技能,重复练习可能会形成思维定式,必须进行策略性的变式练习。语文基本技能的学习是单调乏味的,必须激发个体的学习动机,强化就是一种激发学习动机的手段。因此,中学语文学习活动的设计应该始终伴随着强化。首先,应针对学习活动特点和学生的个性特点考虑使用恰当的强化物。其次,应注意对强化进行有效的安排,使每个教学环节尽可能小,就能够使强化的次数提高到最大限度,同时,把犯错误可能引起的令人反感的结果减少到最小。

(二)认知主义学习理论

1. 认知主义学习理论的基本观点

认知主义学习理论认为:学习并不是机械的、被动的"刺激—反应"的联结,而是建立和组织认知结构的过程,即利用外来的刺激将新知识

第二章 以理论为先导:中学语文教学设计的基本理论

同化到原有的认知结构中;人头脑中已有的知识和知识的组织结构对人的行为和当前的认知活动起到决定性的作用。认知主义学习理论是从格式塔心理学起源的,代表性的人物有维特海默、科勒、托尔曼、奥苏贝尔和加涅等。下面具体分析一下奥苏贝尔和加涅的认知主义学习理论。

(1)奥苏贝尔的认知同化学习理论

认知同化学习理论的核心是有意义学习,奥苏贝尔对有意义学习的实质、条件、方法和过程进行了详细阐述。关于有意义学习的实质,奥苏贝尔认为,有意义的学习从本质上来看就是学习者将新知识与自己认知结构中已有的知识建立一种实质性、非人为的联系。这里所说的实质性联系,指的是新知识和学习者已有认知结构中事物的概念、表象、符号、命题的联系。所谓非人为联系,就是指新知识和学习者已有认知结构中的相关概念形成的一种合乎逻辑的联系。关于有意义学习的条件,奥苏贝尔认为,有意义学习存在两个先决性的条件:一是内部条件,是指学习者须有意义学习的心向,即学习者能将符号所代表的新知识积极与自己认知结构中已有的适当知识进行积极主动联系的倾向性;二是外部条件,是指学习材料本身必须具有的逻辑意义。关于有意义学习的方法,奥苏贝尔认为,有意义学习的主要方法是接受学习,即学习者在教师的指导下对事物的意义进行接受的学习过程。奥苏贝尔之所以主张学习者以有意义的接受学习为主要的学习方法,而没有选择发现学习,主要是因为发现学习注重解决问题的能力,而这一能力不容易通过教师的讲授来获得,且发现学习耗费的时间比较多,获得知识的效果不明显。关于有意义学习的过程,奥苏贝尔将有意义学习的过程细分为以下几类:

第一,符号表征的学习,即学习某一单个符号或者一组符号的意义。实质就是把某些特定的符号与其所代表的概念与事物和学习者已有的认知结构建立等值的关系。

第二,命题的学习,即学习两个或两个以上的事物间或者是性质间存在的关系。这种学习分为两类:一是概括性命题的学习,二是非概括性命题的学习。概括性命题表示若干个事物及性质间存在的联系,如学习教材中的概念、定理及法则等;非概括性命题表示两个以上的特殊事物间存在的关系,如"北京是中国的首都"中的"北京""首都"都代表着特殊的意义。命题的学习主要指句子学习,它包含了词汇学习。

第三,概念的学习,即学习者掌握同类事物特征的关键,主要有"概念的同化"和"概念的形成"两种方式。其中,概念的形成是学习者从同类事物中发现的事物关键特征,进行对事物形成本质性认识的过程。

认知同化学习理论的基础是同化。奥苏贝尔认为,学习者对新知识进行学习的过程,实际上是新知识与学习者原有的旧知识相互作用或者说学习者将新知识纳入自己已有的图式中去的过程。而在这一过程中,最为关键的是学习者积极寻找到自身原有知识结构中能够对新知识进行同化的停靠点。这就对教师教学提出了一个重要要求,即在对新知识进行讲授前,要明确学生已经具有了哪些与新知识相关的旧知识。此外,认知同化学习理论的重要条件是先行组织者。所谓先行组织者,就是教师在开展新的学习任务前,提前将与新知识相关的,较为清晰的且有着较强的综合性和概括性的引导材料告知学生,以帮助学生建立学习新知识的同化点。

(2)加涅的信息加工认知学习理论

信息加工认知学习理论产生于20世纪60年代,它将人的认知过程用计算机的工作原理进行功能模拟,把人的认知过程看成是进行信息加工的过程,并用计算机对人内部的心理状态和过程进行模拟分析。信息加工认知学习理论有很多种,其中影响最大的是加涅的信息加工模式。

加涅的信息加工模式表明,外界环境通过学生的感受器对其产生刺激,并以映像的形式输入感觉登记器,进行瞬时记忆。此时,瞬时记忆若是受到注意,则会进入短时记忆,并以语义的形式进行存储。对于短时记忆,若进一步进行复述、精细加工及组织编码等,则会进入长时记忆,而长时记忆中的信息也能回到短时记忆中,并到达反应发生器。反应发生器在接收到信息后,会将其转变为行动,即激起效应器的活动,作用于环境。在加涅的信息加工模式中,还有两个不可或缺的结构,即执行控制和期望。所谓执行控制,就是控制个体内部行为的能力;所谓期望,就是学生期望达到的目标,即学习动机。

2. 认知主义学习理论对中学语文教学设计的影响

认知主义学习理论对中学语文教学设计的影响,主要表现在以下几个方面:

第一,中学语文教学设计应该着眼于学生知识的获得,在遵循学生的认知特点和发展规律的基础上,从语文基本技能、语文知识内容、语文高级技能三个方面设置语文学科教学目标,这样才能帮助学生通过知识

第二章 以理论为先导：中学语文教学设计的基本理论

的学习获得合理的认知结构。

第二，中学语文教学设计要按照学生加工语言文字信息的规律和认知活动的特点展开教学活动。教学过程的设计要符合学生加工语言信息的内在心理机制。

第三，中学语文教学设计要注重评估个体的认知结构和这种认知结构的功能与外在表现，强调对学生长时记忆中与语文能力相关的知识结构的类型、结构和功能的评估。

(三)人本主义学习理论

产生于20世纪50年代末至60年代初的人本主义心理学，并无严密的理论体系。这个流派是由许多持相近观点的心理学家和学派联合发起的。在语文学习上，他们的基本观点如下：第一，注重分析和研究人性。第二，重视研究个体的心理特点。人本主义学习观认为，个体的行为基本上是由他对自己和周围环境所获得的知觉决定的；个人对自己和外界环境的知觉，有纯属主观的和自主的判断。这种判断主要受到个人信念的影响。不同的人有不同的信念，因而，不同的人有不同的行为。第三，心理学研究方法要与研究对象相适应，强调研究人类行为，必须深入到个体的内心世界，注意了解其内在的心路历程，分析其主观体验。

以人本主义学习观指导中学语文学科教学设计，就要关注学生个体的发展，基于学生的学情进行中学语文学科教学设计。

中学语文学科教学设计的根本目标是使每一个学生能够挖掘自身潜能，个性得到充分的发展，满足自我实现的人生需要。

中学语文学科教学设计要选择对学生具有个人意义的材料。

中学语文学科教学设计要以学生为中心，突出学生的主体地位。

在语文学科教学评价中实施"情境性测量"和自我评价。

二、中学语文教学设计的教学理论

在进行中学语文教学设计时，除了要依据学习理论，还要依据以下几个教学理论：

(一)目标教学理论

1. 目标教学理论的基本观点

目标教学理论的代表人物是布鲁姆,他将教育目标分为认知领域、情感领域、动作领域三大领域:

(1)认知领域的目标

认知领域的目标主要分为六个亚领域,即知识、领会、运用、分析、综合和评价。其中,知识主要包括具体的知识,处理具体事物的方式方法的知识,学科领域中的普遍原理和抽象概念的知识,其目标要求学生在学习情境中把某种信息储存在大脑中,以后所要做的就是回忆这些信息。领会指的是当学生要进行交流时,要求他们知道交流些什么内容,并能够利用材料或材料中所包含的观念。其主要包括转化、解释、推断三种类型。运用指在某些特定的和具体的情境里使用抽象概念。分析指将交流分解成各种组成要素或组成部分,以便弄清各种观念的有关层次,或者弄清所表达的各种观念之间的关系,它包括要素分析、关系分析、组织原理的分析三类。综合指把各种要素和组成部分组合成一个整体,它包括进行独特的交流,制订计划或操作步骤,推导出一套抽象关系。评价指为了特定目的,对材料和方法的价值做出判断,它包括两类,一类是依据内在证据来判断,另一类是依据外部准则挑选出来的或回忆出来的准则来判断。

(2)情感领域的目标

情感领域的目标大致可分为接受、反应、评价、组织、由价值或价值复合体形成的性格化。其中,接受是指学习者感受到某些现象和刺激的存在,愿意接受或注意这些现象和刺激。反应是指学习者对出现在他面前的刺激已经不只是愿意注意而是上升到积极的注意。评价是指学习者确认某种事物、现象或行为是有价值的,即是说学习者将外在价值变为他自己的价值标准,形成了某种价值观、信念,并以此来指引他的行为。组织是在学习者连续地将价值加以内化的过程中遇到各种不同的价值情境时,把各种价值组织成一个体系,确定价值之间的相互关系,确立占主导地位的和有普遍价值的活动。由价值或价值复合体形成的性格化,是指各种价值已经在个体内在的价值层次结构中固定下来,已经

第二章 以理论为先导:中学语文教学设计的基本理论

被组织成为一种内在一致的体系,长期控制个体的行为,使个体长期地以某种方式去行动,即成为他的稳定的性格特征,而不再是一种表面性的或暂时性的情绪反应。

(3)动作领域的目标

动作领域的目标可分为知觉、定势、指导下的反应、复杂的外显机制、适应、创作。其中,知觉是通过感觉器官觉察客体、性质或关系的过程。定势指为某种特定的行动或经验而做出的预备性调整或准备状态。指导下的反应指个体在教师指导下,或根据自我评价表现出来的外显的行为。复杂的外显反应指个人能够表现复杂的动作和行为。机制指已成为习惯的习得的反应。适应指改变动作活动以符合新的问题情境。创作指创作出新的行为方式及动作。

2. 目标教学理论对中学语文教学设计的影响

目标教学理论对中学语文教学设计的影响,具体来说表现在以下几个方面:

第一,中学语文教学设计要有目标意识。目标的问题是解决我们向往去哪儿的问题,这个问题不明确,语文教学只能在黑暗中前行。一篇课文要让学生学习什么,教师事先要认真研究课文,研究学生。学生可能不懂的地方也正是我们要用力的地方,这些需要用力的地方就应该是我们的教学目标或学习目标。

第二,中学语文教学设计要凸显认知目标。在中学语文教学设计的过程中,要对认知目标的要素有清晰的认识,掌握认知过程的类别,尤其要注意对陈述性知识、程序性知识、元认知知识的把握。

第三,中学语文教学设计要注意目标的层次性。目标是有层次的,布鲁姆将目标分为三个类型,新课程将目标确定为"三个维度"——知识与能力,过程与方法,情感态度与价值观。在进行中学语文教学设计时,要注意对这三个目标进行体现。

(二)建构主义教学理论

建构主义认为认识并非主体对客观存在的简单的、被动的反应,而是一个主动的、不断深化的建构过程。个人的经验世界是用我们自己的大脑创造的,不存在唯一的、真实的实在。学习过程就是知识的建构过程。在知识建构过程中,学习者已有的知识经验有着非常重要的作用,每一个学习者都以不同的方式想象外部世界。建构主义学习观鼓励学生积极面对复杂的学习环境或问题情境。

建构主义学习观对中学语文学科教学设计的影响是全面而深刻的。

语文教学目标应该是教师和学生协商制定的。学生参与到目标设计的整个过程中,学生和教师共同协商,相互配合来完成目标的设计工作。

语文教学任务和教学内容应该是开放而灵活的,并将随着学生学习进程的变化而有所变化。

语文教学方法的设计应该根据具体的学习情境采取相应的、灵活的教学策略。

(三)对话教学理论

1. 对话教学理论的基本观点

对话教学理论,也是中学语文教学设计的一个重要理论基础。教学本来就是对话,拥有对话的品格,这就是教学对话的原理。此外,对话教学不是一种教学模式,也不是一种教学方法,它是一种教育哲学思想。要科学地落实对话教学,就需要了解、掌握对话教学的特点。具体来说,对话教学理论的基本观点有以下几个:

第一,对话教学强调关系,强调关系之间的逻辑规律。课堂教学是一个复杂的过程,教师答疑解惑的时候,教师就是教学主体;学生自主合作学习时,学生就是主体。课堂上没有绝对的主体,也没有绝对的客体。教师与学生都是课堂教学的主体,这两个主体不断互换,形成了主体间的联系,这种主体间的联系就是对话教学的基础。

第二,对话的"话"是一种语言行为,是一种"言语"活动。在课堂上,教师与学生、学生与学生之间要围绕目标,有理有据,坦诚地交流彼此的观点与认识。

第三,要改变传统的教师"一言堂"的情况,重建教师与学生之间平等的关系。在对话过程中,教师和学生的人格是平等的,话语权是平等的,二者是协商的关系。

2. 对话教学理论对中学语文教学设计的影响

对话教学理论对中学语文教学设计的影响,具体来说表现在以下几个方面:

第一,在进行中学语文教学设计时,要考虑目标的合理性,清楚教学目标要解决的问题,这不仅仅是对教师的要求,也是对学生的要求。只有这样,对话的主题才能集中,话语才能聚焦。

第二,在进行中学语文教学设计时,要注意对话形式的科学性。语文的对话有多种形式,如读者与作者对话,读者与文本对话,读者与小我对话,这些都是隐性的;教师与学生对话,学生与学生对话,这些都是显性的。隐性对话与显性对话是互为补充的。显性对话容易实现,老师、学生乐于做;隐性对话难以实现,教师不太关注,这是一个误区。隐性对话更具实践价值,学生通过阅读,认知语言,认知形象,就会形成自我与理想的我之间的对话,这种对话就是一种内省的过程,就是提升的过程。切不要把对话当作"问答",把对话当作小组乱语。

第三,在进行中学语文教学设计时,要注意对学习的课文等尽可能地做高层次的解读。

第三节 中学语文教学设计的原则与模型

一、中学语文教学设计的原则

在进行中学语文教学设计时,必须遵循一定的原则,其中较为重要的有以下几个:

(一)目的性原则

目的性原则指的是在进行中学语文教学设计时,必须要有一个宏观的目标指向,能够对整个教学的重难点、教学方法、教学内容、教学过程起到引领作用。

在进行中学语文教学设计时,遵循目的性原则有着重要的作用,具体表现在两个方面:一方面,有目的指向的中学语文教学设计才能够保证最佳的教学效果的实现,不同指向的教学目的指引着不同的课堂中学语文教学设计;另一方面,教育教学目的的设计和确立,既能反映学生学习的结果,还能帮助教师把握该课的设计思路,引导教师在教学过程中选择运用恰当的方法与策略,实现教学最优化。

新课程理念强调,语文教学的目的不仅仅是要实现语文知识的传递,使学生接受语、修、逻、文等方面的知识,更要强调对学生行为、情感、意志、态度和能力的培养,以实现教育要培养知、情、意、行全面发展的人的教育目的。因此,在进行中学语文教学设计时,必须重视"知识与能力""过程与方法""情感态度与价值观"三维目标的落实,通过启发诱导、感悟实践等教学方法的设计来促进学生言语能力等智力因素和学习态度、思想品质等非智力因素的全面发展。为此,语文教师必须根据阶段教学目的、单元教学目的、篇章教学目的、课堂教学目的等特定目标进行恰当的中学语文教学设计,以此更好地促进学生的语文知识、语文能力、语文素养等在原有经验的基础上不断提高。也就是说,中学语文教学设计应当是在特定教学目的指引下既着眼于语文知识的传授,又着眼于学生语文能力培养和语文素养提升的教学准备活动,教师不能盲目地进行简单的设计,或者只是停留在通过讲授让学生学会字、词、分段等知识和技能的较低层面。

(二)本体性原则

语文课绝不可以脱离文本,即使是语文教育也要建立在文本的基础上,脱离文本的教学恰恰忽略了对学生的语文素养的培养,语文教学也就成了无源之水,无本之木。

因此,在进行中学语文教学设计时,无论有多少原则需要遵循,都必须围绕"语文"这一本体来进行言语教学。也就是说,中学语文教学设计必须遵循本体性原则,即中学语文教学绝对不能脱离对文本本身的体味和对文字本身的揣摩运用,任何抛弃文字、文学、文本的教学都是同语文教学背道而驰的,同时,语文课既不应是只重语文知识的教学,也不可以是被"架空"的脱离文本的所谓的人文教育。

第二章 以理论为先导：中学语文教学设计的基本理论

（三）清晰性原则

国外教育心理学家通过研究指出，为使教学的目标和思路清晰明确，并便于检测其达成度，在进行教学设计时必须考虑四个方面：学习者，即要求教学设计应从学生的角度叙述和设计，不应从教师的角度叙述和设计；学生的行为，即学生在整个教学环节中表现的行为必须是可以预测的；条件，即在什么条件或情境下从事学习；程度，即学生对目标所达到的最低表现水准，用来评价学习结果及要达到的程度。要求教学设计必须考虑以上四个方面，也就是要求教学设计必须遵循清晰性原则。

对于中学语文教学设计来说，遵循清晰性原则就是在进行中学语文教学设计时，必须目标明确，思路清晰，教学过程和教学效果具有可参照性和可测性。同时，教师应从学生学习方式的角度出发，注重学生行为预设，创设相应的教学情境，力求中学语文教学目标的达成具有清晰明确的层序性和生成性。很明显，中学语文教学设计的清晰性原则主要是针对教学目标而言的，即教学目标设计清晰准确，全面具体，可查可测。

第一，清晰准确。行为动词的使用，行为条件的交代和表现程度的定位，要符合某一学段的目标，符合教材实际和学生实际，不拔高，不降低要求。这个要求是规范教学目标的前提。必要时，语文教师还应该写出达到目标的行为条件（不是每个教学目标都必须有）。

第二，全面具体。新课程标准将教学目标分为三个维度："知识与能力""过程与方法"和"情感态度与价值观"。因此，语文教师在进行中学语文教学设计时应该从这三个维度进行设计，以展示语文学科人文性与工具性的特性。当然，在进行三个维度的目标设计时，可以按"知识与能力""过程与方法""情感态度与价值观"的次序逐条表述，也可以按表现程度的高低依次表述，还可以将"过程与方法"这一维度与其他两个维度有机结合，力求目标的实施具有可操作性。

第三，可查可测。语文教学目标的设计应当明确、具体，不笼统、不模糊，具有质和量的具体规定性，语文教师自己或他人能够依据目标去观察、评价学生的行为状态，检测一堂课后学生应达到的最低表现水准或学习水平，对教与学两个方面做出合理的评价。

在设计了清晰准确，全面具体，可查可测的中学语文教学目标后，就可以进行清晰的教学流程、教学内容、教学方法等方面的设计,这是中学语文教学设计的关键环节。在清晰性原则指导下,语文教师要进行清晰明确的教学思路设计、教学方法设计、教学问题设计、教学语言设计等。它能够反映教师对教学内容的理解把握程度和对学生学习结果的预想情况等。在中学语文教学设计中,不仅存在目标设计不够清晰的问题,还存在过程、方法和内容设计方面的问题。有的教师只注重教学内容的表述,忽略了教学流程或教学板块的策划,整个设计如一篇文章,缺少教学程序和教学结构的设定。相反,有的教师只是做程序性的设计,并未设计出各个教学板块中具体的教学内容和教学问题,教学策略更是无迹可寻。上述问题要么会导致教学结构杂乱无序,要么会导致教学内容空泛笼统,对课堂教学的开展起不到积极的引领作用。

(四)整体性原则

《语文课程标准》将"整体性"作为语文教育的三大特点之一,因此,在进行中学语文教学设计时,也要遵循整体性原则。这一原则要求教师在进行中学语文教学设计时,要特别注意以下两个方面:

第一,在进行中学语文教学设计时,要先对自己学年、学期、学段的具体教学内容等形成整体的认识,之后再进入对局部或细节的认识,进而到对内在结构的认识,最后进入更高层次的认识。

第二,在进行中学语文教学设计时,应包括理清思路,概括要点,理解文本所表达的思想观点和感情,根据语境揣摩语句的含义,阐释文本内容,研究表达方式,形成语文学习策略等方面的设计,各部分之间必须是相互连接,不容割裂的。

在当前,不少教师在进行中学语文教学设计时,往往只注意知识点的落实而忽略了能力训练、习惯养成方面的落实,特别是忽略了思维的训练,更不用说思维的品质训练了,这说明他们在进行中学语文教学设计时未能树立整体意识。对此,教师应形成清晰的认知,并切实树立整体意识,依据自己对教材、文本、学生的整体把握,来分解和确定课堂教学目标,从整体、单篇文本和学生认知结构顺序上,使整个课堂组成一个整体、科学的渐进序列。同时,还要对新课程提出的能力培养要求,语文素养的形成和知识体系有全面的了解,对教材的内容和它所处的能力训练位置都要非常熟悉。这样,在设计一堂中学语文课的教学内容和教学

第二章 以理论为先导:中学语文教学设计的基本理论

策略时,才能够把握知识点的前后联系并落实这些知识点,才能够对这一堂课的能力训练目标进行准确把握,做到真正落实。

(五)综合性原则

语文原本就是一个综合体系,其有众多的构成因素,涉及文学、科学与艺术的各个领域。另外,语文教学的对象是能自主,有情感,求发展的人,语文教学设计贵在有意识地把学习者培养成为有知识、技能、策略、生存能力的健全健康的实践者、反思者、自主者、发展者。为此,在进行中学语文教学设计时必须遵循综合性原则,具体表现在以下几个方面:

1. 教学内容要具有综合性

在进行中学语文教学设计时,要确保教学内容具有综合性,即中学语文学科要与其他学科建立广泛的交互关系,进行多方面的信息交流。"综合性"原则指导下的中学语文教学设计一方面仍然尊重语文学科作为独立系统必须具备的区别于他者的个性特点,把这个独立系统作为教学过程中的一根主轴,自始至终贯穿到底,借以稳定语文学科的结构法则和个性特征;另一方面还要引出其他文本及相关艺术内容的外部知识,并把它们和语文特定文本知识与训练技能进行"嫁接"和"杂交",进行多系列教学内容的综合,使学生加深理解,并增强其联结、巩固、概括、比较能力。只有不断进行课程资源的综合,才能使学生的语文能力在不断综合与比较中获得提升。

2. 教学形式要具有综合性

新课程理念指导下的语文教学注重的是让学习主体在教与学的信息交流中,借助综合性的教学活动形式,进行自主、合作、探究式的语文学习。因此,在进行中学语文教学设计时,必须要灵活地综合运用多种教学方法,积极建构一种动态的、多维的、综合性较强的课堂结构。

3. 要注意引导学生从封闭收敛式思维转化为综合发散式思维

语文教学要使学生学习"多角度的、有创意的阅读"。因此,教师在进行中学语文教学设计时,应从学生的经历、爱好、兴趣等特点出发,注意给学生营造活跃思维的环境,调动学生情感、思维等多方面的因素,尊重学生对文本独特的、多元的反应,使学生能够积极活泼地投入到教学活动中。要拓宽学生的语文学习思路,尤其要鼓励学生的求异思维或多角度的赏析,以此挖掘深刻内涵,促进学生的思维从封闭收敛式转化为综合发散式。同时,教师还可以"读"为主体,将听、说、读、写、思各种能力统一调动,贯穿一体。

二、中学语文教学设计的模型

中学语文教学设计模型是中学语文教学设计理论的核心内容,它是众多理论的具体化结果。因此,在进行具体的中学语文教学设计时,不能忽视对中学语文教学设计模型的构建。

(一)教学设计模型的含义

在理解教学设计模型的含义前,要先理解模型的含义。所谓模型,简单来说就是系统知识的抽象表示。知识是通过某种媒介来表达的,而知识形成媒介的过程就是建模,或者称为模型化。模型的呈现方式也是多种多样的,常见的有图表、公式、原型、文字描述等。根据模型的基本含义,就可以获知教学设计模型的概念表述,即"将教学设计的基本原理通过某种媒介形成的抽象的教学设计程序结构"[①]。

(二)中学语文教学设计模型的基本特点

中学语文教学设计模型是中学语文教学设计的上位理论,它直接规定了中学语文教学设计的一般规律。而中学语文教学设计模型的特点,具体来说有以下几个:

1. 教学起点参差不齐且具有一定的模糊性

由于学生生活环境的不同,习得的母语知识的多少,言语表达技能的高低自然不一,这就使得同一年级的语文教学的起点存在差异,也

---

① 魏本亚.中学语文教学设计[M].北京:高等教育出版社,2016:42.

就使教学设计起点的确定变得模糊起来。因此,中学语文教学设计起点的确定,应以学生对所学内容的自学反馈信息为主要依据。

2. 教学目标难以精确且无法检测

中学语文学习诚然少不了对语言符号知识的识记,但这不是终极目标。记忆语言符号的目的是更好地运用符号,语言符号的运用不是刻板的排列,而是主体的选择与创制,这就使知识的性质发生了变化,即由陈述性知识变成了程序性知识——一种智慧技能。这种智慧技能形成的程度往往难以被准确判断,更难以做到立竿见影。因此,为一两节语文课设计教学目标是很难办的,中学语文教学目标的设计宜以单元或主题为单位。

3. 资源丰富的学习内容需要精心选择与整合

语文学习与生活的外延相等,是对语文学习广泛性的描述。然而,语文课堂教学对教学资源的利用是需要精心选择与有机整合的,这是教学设计的重要任务,更是中学语文教学设计的难点所在。

4. 教学过程设计着重于帮助学生形成各种链接

语文学习空间很大,主体性特别强。语文学习与人生、社会、自然及一切信息存在着千丝万缕的联系,只是如果不加链接,这些联系便若隐若现,难以汇集到语文学习的特定时空中来。如果不引导学生进行科学链接,则难以帮助学生形成通向目标的内在联系,难以达成教学目标。

5. 教学策略以指导学生自读、自悟、自练为主

中学语文教学的主要策略是指导学生如何读、悟、练的方式、方法、途径、手段等。

(三)中学语文教学设计模型的构建

中学语文教学设计模型的构建,必须要有三方面的考量:一是要具有教学设计模型的科学特质,即要有系统的学习理论做支撑;二是要体现汉语文的学习规律;三是要具有相对的稳定性和在语文教学设计中的

可操作性。

以此为依据,有学者建构了一个综合考虑知识、能力与情操三方面因素影响的命题作文心理过程模型(图 2-3)。由于该模型强调"思维"在内部心理加工过程中的重要作用(这里所说的思维不仅包括具体形象思维和一般形象思维,而且还包括抽象逻辑思维),因此可以称之为"思维加工型作文心理模型"。另外,由于它综合考虑了知识、能力与情操三方面的因素,所以它属于三维的心理模型。

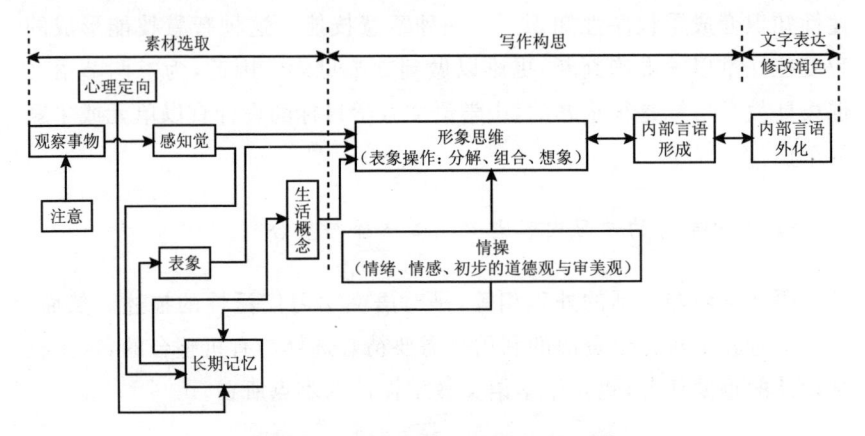

图 2-3　命题作文心理过程模型[①]

不过,对于如何构建中学语文教学设计的模型,至今还没有一种被大家认可的观点,这也是中学语文教学设计的短板。在这里,我们根据相关理论尝试建构一个初中写景散文教学设计模型,以期给实践者以启示。

第一,教学目标分析。学习如何抓住景物特点写景(真实),体会怎样才能把景写活的语言技巧,体会作者怎样把自己的情感写进景物之中。

第二,确定教学内容。写景文本中所描写(文字)的景物,我印象中(心里)的景物,眼中看到(客观)的景物文本中表现的景物特点词句,对心里景物的描述,对眼前景物的描画文本中把景物写活的言语技巧赏析,自己对心中及眼前之景的描画言语技巧,选择怎样捕捉景中之情。

第三,学习者特征分析。有没有学过写景散文,有没有观察自然风

[①] 魏本亚. 中学语文教学设计[M]. 北京:高等教育出版社,2016:52.

▎第二章　以理论为先导：中学语文教学设计的基本理论

景的习惯,接触过哪些修辞方法,有无在语境中认知词语意义的能力。

第四,在明确了以上三项内容的基础上,确定教学起点。

第五,设计学习情境。文本研读,观察景物,给家人、同学、朋友介绍一处风景,替导游写一段风景解说词。

第六,寻找学习资源。选择相关文本,寻找自然风景,搜集网络风景图片、风景画、风景照等。

第七,选择学习策略。常用的有文本解读、课外观察、写景小品。

第八,学习成果反馈,进行形成性评价。要运用媒介,对以上内容进行抽象表达。

第四节　中学语文教学设计的过程与基本要素

一、中学语文教学设计的过程

中学语文教学设计范围比较广泛,按照涉及时段的长短,可以将其分为课题教学设计、单元教学设计、学期教学设计或学段教学设计;按照涉及的内容,又可以分为阅读教学设计、写作教学设计、口语交际教学设计和综合实践学习活动设计等。但不管是在什么范围和内容上进行设计,教师必须遵循的基本教学设计原理和程序是基本一致的。具体来看,一个完整的中学语文教学设计过程,需要包括六个步骤(图2-4)。

第一步,确定教学目标(我们期待学生通过本阶段学习应达到的标准)。

第二步,达成教学目标的诸要素的分析与设计,包括教学对象分析(确定学习者的起点状态)、确定教学内容(通过分析教材确定)、安排教学过程(教学内容活动进程的设计)。

第三步,教师教学经验、风格分析。

第四步,根据教学内容和学习者的特征确定教学的起点。

第五步,制订教学策略,选择教学媒体。

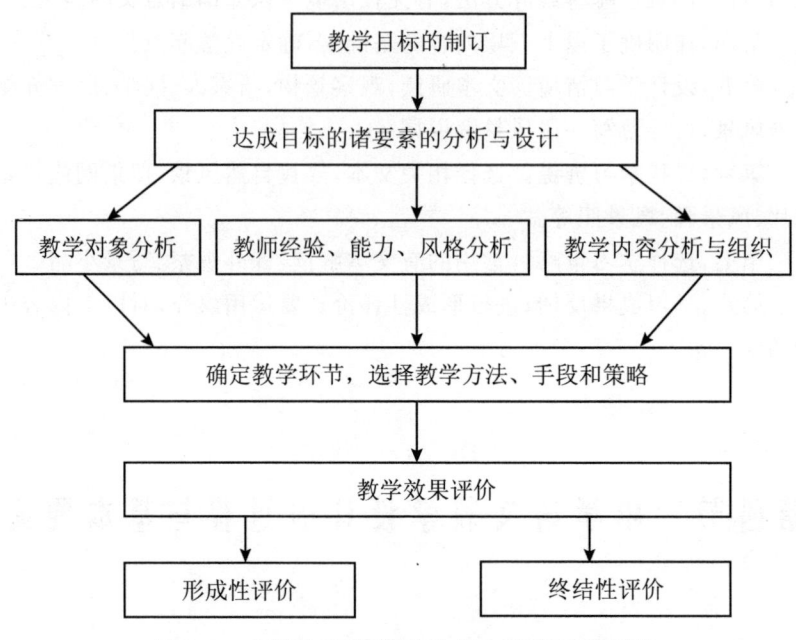

```
                    ┌─────────────────┐
                    │  教学目标的制订  │
                    └────────┬────────┘
                             ↓
                ┌─────────────────────────┐
                │ 达成目标的诸要素的分析与设计 │
                └────┬────────┬────────┬───┘
                     ↓        ↓        ↓
            ┌──────────┐ ┌──────────────────┐ ┌──────────────┐
            │ 教学对象分析 │ │ 教师经验、能力、风格分析 │ │ 教学内容分析与组织 │
            └─────┬────┘ └────────┬─────────┘ └───────┬──────┘
                  ↓               ↓                   ↓
            ┌────────────────────────────────────────────┐
            │  确定教学环节，选择教学方法、手段和策略  │
            └──────────────────────┬─────────────────────┘
                                   ↓
                        ┌──────────────────┐
                        │   教学效果评价   │
                        └────┬────────┬────┘
                             ↓        ↓
                   ┌──────────┐  ┌──────────┐
                   │ 形成性评价 │  │ 终结性评价 │
                   └──────────┘  └──────────┘
```

图 2-4　中学语文教学设计基本流程示意图[①]

第六步，进行教学评价并根据评价所得到的信息对教学设计中的某一个或者几个环节进行修改或调整。

从教师和学生活动的角度对以上中学语文教学设计的过程进行分析可以发现，这一过程实际上要解决三个大问题：教师要教会学生什么和学生要学会什么，教师怎么教和学生怎么学，教师教的内容怎样和学生学的效果怎样，由此也就形成起点、过程、评价三大步的设计。

此外，需要特别指出的一点是，中学语文教学设计的过程并不是一个简单的循环，一方面它会根据教学诊断和评价不断进行调整和修正，从而进入新的循环；另一方面教学设计过程中的每一个环节都是教学系统中非常重要的构成要素，相互间存在着密切的联系，因而虽对其做出环节上的分解，但实质上只是该环节侧重于某一要素，同时它还会对其他环节的实施起到一定的制约和影响。比如，教学对象的分析和教材分析虽属第二环节，但同时它们又都是确定教学目标的依据。

---

① 郝丽琴.中学语文教学设计与案例分析[M].合肥：安徽大学出版社，2015：12.

第二章　以理论为先导：中学语文教学设计的基本理论

二、中学语文教学设计的基本要素

一个完整的中学语文教学设计，通常来说应包括以下几个基本要素：

(一) 教材分析

在进行教材分析时，必须做好以下几方面的工作：

1. 研究《语文课程标准》

在我国，《语文课程标准》是国家根据培养目标制定的指导性文件，是编写教科书和进行教学的基本依据，是检查教学质量的主要标准。它规定了语文课程的性质、任务、目的、要求，确定了教学实施的规则，教学内容的安排，教学方法的指导，教学中应注意的问题理论教学与实践教学的比例，实践教学的方式，课内与课外如何配合等，对教学工作有直接指导意义。只有钻研《语文课程标准》，才能从总体上明确在"加强基础，培养能力，发展智力，注重实践"上达到什么程度，合乎什么规格；对知识、能力、思想等方面提出明确而恰当的要求。因此，必须结合教材内容，认真反复地研究《语文课程标准》，在研究教材时不断加深对课标的理解，凭借对课标的深刻理解更有效地指导研究教材，处理教材。

2. 研究教材

教材是课程标准的具体化，是教师借以实现课程目标的主要材料，也是学生赖以提高语文素养的主要载体。教师在理解和掌握教材时，应该做到"懂""透""化"。其中，"懂"就是教师要通读教材，从整体上把握教材知识体系，掌握构成体系的各个部分，并把教材编写者的意图，即教材要求学生掌握和领会的知、情、意弄清楚；"透"就是在"懂"的基础上，透彻理解，准确掌握并能熟练地确定哪些是教学重点，哪些是教学难点，哪些是教学关键点，特别是教学关键点，它是某一部分知识或解决某一类问题的突破口，也是突出重点，突破难点的中介与桥梁；"化"就是将教师对教材的理解和把握与自己的思想感悟、教学技能特长融合起来，融会成教师"内在"的"知"和"能"，更自如地实现教学目标。

3. 研究教学参考书

教师在分析教材的过程中,要注意对搜集、整理的资料进行运用,勤查工具书,多做资料卡,挖掘、拓展教材资源,以丰富自己的知识库,建立一个与教材相关的"知识圈"。教师还要用心研究和分析学生的知识结构、学习兴趣和思维方法,从中揣摩出学生课堂上可能出现的各种情况,从而顺利解决。

(二)学生分析

中学语文教学设计是为学生而设计的,因此,中学语文教学设计要以学生为出发点和归宿,这样才能促进学生的发展。

在对学生进行分析时,需要包括学生的认知发展情况,学生的情感态度和价值观,学生学习过程中可能遇到的困难及产生的原因,学生的个体差异分析等内容,其中最重要的是对学生的认知发展情况,情感态度和价值观的把握与分析。此外,在对学生进行分析时,可以借助于以下几个有效的方法:

第一,观察法。观察是教师了解学生常用的一种基本方法。教师在自然情况下观察学生,所获得的材料比较真实可靠。比如,在课堂上观察学生上课的情绪,听课的注意力,回答问题和完成作业的情况,这些可了解到学生的学习态度,掌握知识的质量,分析和解决问题的能力,学习遇到困难时的意志品质及对各门学科的兴趣等。课下,在各种活动中观察学生看待问题的方式方法,可了解学生的思维方式和运用知识解决问题的能力。

第二,谈话法。谈话法是教师直接了解学生学习情况的一种重要方法。这种方法不受时间、地点、人数的限制。与学生谈话的方式很多,可以同某个学生单独谈,或与几个学生一块谈;可以开门见山地谈,或委婉地谈;可以让学生知道谈话目的,有指向性地谈,或不使学生察觉目的,无拘无束地谈。教师不仅可以找学生的谈话,也可以找学生的家长谈话。

第三,征求意见法。教师应诚心诚意地向学生征求教学意见和建议,内容可以涉及教学内容、教学方法,甚至教师的教学态度、教学风格。

第四,问卷归纳法。这是教师了解学生的一种辅助手段。教师按规定的要求,设计出一套选配恰当、措辞精确的问卷让学生回答,这种问卷

第二章 以理论为先导：中学语文教学设计的基本理论

要求学生从已给出的若干答案中选择出符合自己情况或意愿的一种答案。开放性问卷也称描述性问卷,要求学生用自己的理解来回答问题,答案不限定范围。

第五,资料分析法。这是通过学生的有关资料来了解学生学习情况的方法。有关学习的资料大致有三类:一是学生档案资料,如历年的成绩和操行评语;二是学生个人写的资料,如周记、作文和作业等;三是学生的考试试卷。这些资料能反映学生过去的学习态度、学习成绩及智力发展情况。如从作文中可以了解学生的学习态度、学习习惯及学生书写的规范化程度等;从学生的试卷中可以了解学生的整体学习水平、学习成绩、运用知识解决问题的能力及临场发挥情况。

(三)教学策略

所谓教学策略,就是为完成特定的教学目标而对教学活动的程序、方法、形式和媒体等的总体设计和把握,大致包括教学目标的确立,教学方法的应用,教学媒介的选择,教学成绩的评定,教学反馈的方法等内容。它具有指示性和灵活性,可以较好地发挥教学理论具体化和教学活动方式概括化的作用。因此,教学策略的选择和应用是教学成功与否的关键。

在中学语文课堂上,常用的教学策略包括产生式教学策略,即让学生自己产生学习目标,组织学习内容,安排学习顺序等,鼓励学生从教学中建构个性化的学习;替代式教学策略,主要是教师替学生处理教学信息,即教师给学生提出教学目标,组织、提炼教学内容,安排教学顺序,指导学生学习;独立学习与小组学习策略,即个人学习与小组学习相结合的一种教学策略;竞争与合作学习策略,这一教学策略中的竞争与合作是人际相互作用的两种主要表现形式,一般学生在组内处于合作状态,而小组之间则处于竞争状态,只有学生个体之间有效合作,才能取得小组竞争的胜利。

(四)教学目标

在中学语文教学设计中,教学目标的确定是十分重要的一个环节。它表明了教学活动预期的结果或标准,描述了学习者通过学习后预期产生的积极的变化。教学目标指导并且控制着教学过程,在教学中,教师的教与以学生为主体组织相应的自主、合作学习的活动都围绕教学目标开展,这样才能达到预期的教学目标。准确、科学的教学目标,是课堂教学成功实施的前提和基础。

(五)教学重难点

这里所说的教学重点,就是学生必须掌握的最基础、最重要的知识与技能。教学难点是指学生不易理解,易出错、混淆的知识,或不易掌握的技能技巧。教学重难点的确定要基于课程标准的要求,基于学情,做到重点突出,难点明确。

(六)教学方法与手段

中学语文教学方法的选择,要根据教学的目标和任务,教学内容的性质,学生的年龄特点和认知水平,教师自身的素养,客观教学条件进行,常用的有五大类:讲授法、谈话法、讨论法等以语言交流为主的教学方法;演示法、参观法等以直观形象感知为主的教学方法;陶冶法、榜样法等以情感化为主的教学方法;实验法、练习法等以实际操作训练为主的教学方法;发现法、问题探究法等以引导探究为主的教学方法。

中学语文教学的手段是多种多样的,如模型教学、投影仪教学、语言实验室教学等,要依据具体的教学内容、教学目标等进行选择。

(七)教学过程

教学过程是根据教学内容,遵循学生的认知规律和学习心理,发挥教师主导,体现学生主体和媒体优化作用的过程。一般的教学过程大致如下:

1. 创设情境,激趣导入

用提问设疑法、开门见山法、悬念法等方法引起学生注意,激发学生的学习兴趣,使学生快速进入学习状态。

2. 提供资源,自主探究

为了呈现丰富多彩的感知材料,教师在中学语文教学设计时要认真

第二章 以理论为先导:中学语文教学设计的基本理论

挖掘学生的学习资源和教材资源,给不同层次的学生留出一定的思维空间,引导学生自己发现问题,观察思考,探究新知。

3. 组织调控,合作交流

客观分析学习内容,考虑新旧知识的联系,为学生设计自主的学习方式,由教师引导学生展示学习成果。在互相交流中使大家思维碰撞,激起创造性思维的火花,培养学生的合作意识和创新精神。教师也在此过程中思考小组合作学习的时间点、提问方式、时长、点拨方式等。

4. 反馈评价,巩固应用

教师应及时反馈学生的自主学习情况,并对这些情况进行分析评价,改进教学方法,提高教学效率和效果。

5. 总结

整节课的教学过程将要结束时,教师在设计总结时要设计总结语。

(八)课后作业设计

作业设计的量应该适中,形式应该多样化,如阅读、收集资料、实践性操作任务;在体现三维目标要求的基础上,还应层次分明,体现差异要求。

(九)板书设计

板书是教师上课前在黑板上书写的计划,包括内容和形式两个方面的设计。它需要教师运用教学直观性原理,根据教学目的、教学内容及教学对象的不同,精心构思,以精要、形象、醒目、简洁的文字或图形显示在黑板上,体现教学思路,这样能使学生形象、直观地了解学习内容,有利于巩固记忆。

(十)课后反思

通过认真反思,认真检讨中学语文教学设计在实际的教学过程中的应用,可以看出哪些设计在教学中能够比较好地执行,哪些设计不够合理。这样就可以对经过教学实践验证的中学语文教学设计进行分析和解释,从而对整个中学语文教学设计有一个积极的反思,使教学经验理论化。通常而言,课后反思应体现四个方面的内容:

1. 总结成功的经验

主要指教学过程中达到预先设计的目标,引起教学共振效应的做法;课堂教学中临时应变得当的措施;某些教学思想方法的渗透与应用的过程;在教学方法上的改革与创新等。

2. 诊断不足之处

对课堂教学中的疏漏失误之处进行回顾、梳理,并做深刻的反思、探究和剖析,使之成为以后再教学时应吸取的经验和教训。

3. 提出整改的措施

思考再教这部分内容时应该如何做,写出"再教设计"。

4. 预设后续方案

在前面三个方面的基础上,对后续的教学进行有效的预设,把总结的教训、经验有针对性地运用到下一环节的教学中。

第三章 教学的起点与终点:中学语文教学目标设计

中学语文教学目标是整个中学语文教学的出发点和落脚点,也是整个中学语文教学的核心和灵魂所在,指导和制约着整个中学语文教学活动。因此,在现实的中学语文教学设计中,必须高度重视教学目标的设计。

第一节 中学语文教学目标的内涵

中学语文教学目标,就是中学语文教学活动所要达到的结果,或者说是教与学双边通过一系列的教学实践活动要达到的目的。它是对学生通过中学语文学习所要达到的状态的提前确认,也是教师进行中学教学活动设计的定向指标,还是教师选择中学语文教学策略的依据。

一、中学语文教学目标的功能

中学语文教学目标的功能,具体来说有以下几个:

(一)导向功能

中学语文教学目标的导向功能,就是中学语文教学目标把中学语文教学活动导向一定的方向的功能,具体表现在以下方面:

第一,中学语文教学目标能使中学教学活动自觉地进行,这就体现了人的活动的有意识性、自觉目的性、能动性。

第二,中学语文教学目标能够使中学教学活动集中于有意义的方向,避开无意义或者不符合预定方向的事物,因此有助于有意义的结果的达成。

第三,中学语文教学目标能够提高教学活动的效率,使中学教学活动做到事半功倍。

(二)标准功能

中学语文教学目标的标准功能,就是中学语文教学目标为中学语文教学评价提供标准的功能,具体表现在以下两个方面:

第一,中学语文教学效果评价,最重要的就是要评判中学语文教学活动是否达到了预期的教学目标,在多大程度上达到了预期的教学目标。

第二,在教师授课质量评价、学生学习效果评价等方面,中学语文教学目标也是评价标准之一。

(三)激励功能

通常来说,恰当的中学语文教学目标可以起到激励中学语文教学活动的功能。当中学语文教学目标与学生的内部需要相一致时,学生为了满足有关的内部需要,就会为达到教学目标而努力;当中学语文教学目标与学生的兴趣一致时,这种教学目标也将较明显地激发学生的学习活动,使学生为达到这种教学目标而努力;当中学语文教学目标的难度适中时,这种教学目标能够较明显地起到激励学习活动的作用。

二、中学语文教学目标的类型

中学语文教学目标从不同的视角可以分为不同的类型,具体如下:

(一)总目标与子目标

1. 总目标

总目标就是整体目标,是综合的、抽象的目标。它通常要由国家的

第三章 教学的起点与终点：中学语文教学目标设计

教育法规和学科教学大纲来规定，并且是基本的、统一的。中华人民共和国国家教育委员会制定的《全日制中学语文教学大纲》确定的教学目的（总目标）是：中学语文教学必须以马克思主义为指导，教学生学好课文和必要的语文基础知识，进行严格的语文基本训练，使学生热爱祖国语言，能够正确理解和运用祖国的语言文字，具有现代语文的阅读能力、写作能力和听说能力，具有阅读浅易文言文的能力。在语文教学的过程中，要开阔学生的视野，发展学生的智力，培养学生的社会主义道德情操，健康高尚的审美观和爱国主义精神。

2. 子目标

子目标就是局部目标，是具体的、切实的目标。子目标中的学段目标和年级目标通常也要由教学大纲规定。此外，子目标虽是总目标的局部，却也要发挥整体性作用；子目标时有反复，但要在反复中扩大和深化。

（二）阶段目标与具体目标

1. 阶段目标

中学语文教学的阶段目标，存在以下两种形式：

第一，把初高中各划分为一个阶段，分别制定出初中目标和高中目标。《全日制中学语文教学大纲》规定，初中阶段的语文教学目标是在小学的基础上，继续培养听说读写的良好习惯，扩大识字量和词汇量，进一步提高运用现代语文的能力。能阅读一般政治、科技读物和文艺读物，正确领会词句的含义，理清文章的脉络、层次，把握文章的中心思想和写作特点。熟读、背诵现代文和文言文的一些篇或段。能写记叙、说明、议论的文章，做到中心明确，内容具体，条理清楚，语句通顺，书写清晰，不写错别字，正确使用标点符号。会使用常用的字典和词典。能用较流利的普通话发言和交谈。高中阶段的语文教学目标是在初中的基础上，进一步提高现代语文的阅读能力、写作能力和说话能力。能比较熟练地阅读一般政治、科技读物和文艺读物，初步具有鉴赏文学作品的能力。能写比较复杂的记叙、说明、议论的文章，做到中心突出，内容充实，结构完整，语句通畅。能借助工具书阅读浅易文言文。

55

第二,初高中的每一年级为一阶段,分别制定出初中一年级目标直至高中六年级目标。比如,《全日制中学语文教学大纲》规定,初中一年级的语文目标要包括四个方面:一是阅读能力,阅读记叙文,能理解文章的意思和记叙的特点,能用普通话朗读课文,养成默读的习惯,提高默读的速度;养成勤查字典的习惯,积累和掌握常用词语,做到会读、会写、会用,熟读、背诵一部分课文或段落;课外阅读三五本书。二是写作能力,能写五六百字的记事、写人的文章,做到中心明确,内容具体,能按照时间顺序组织材料,写清楚事情发生的起因、经过和结局,能运用一两件具体事例,写出人物的某些特点;保持良好的书写习惯,做到笔顺正确,笔画清楚,字形规范,字体力求美观,作文书写要行款格式正确,卷面整洁;学习做读书摘记,学习做听讲记录,能记下标题和主要内容,练习写日记。三是听说能力,养成说普通话的习惯;听人说话,能集中注意力,听清楚意思,回答问题态度大方,声音清晰,内容清楚;能清楚地介绍课文、短篇读物和影剧的主要内容,能用明白简洁的语言讲述故事和见闻。四是基础知识,复习和运用汉语拼音,初步了解汉字的构字方法,辨识形声字,继续增加识字量;正确理解词语的含义,了解一词多义的现象,学习词和短语的知识;复习学过的修辞方法,重点是比喻、拟人、夸张、引用、排比、对比等;基本掌握标点符号的用法;掌握记叙文的一般特点。

2. 具体目标

具体目标多半是教师依据总目标和具体情况而建立的目标,它是具体的、个性化的目标,也是实现总目标和阶段目标的基础。通常来说,具体目标要包括以下几个方面:

第一,教学一册教科书应达到的目标。

第二,教学一个单元应达到的目标。

第三,教学一篇课文(包括每一课时)应达到的目标。

第四,教学一个特定课题应达到的目标。

(三)期望目标与到达目标

1. 期望目标

期望目标是希望能够实现的目标,表示的是取得教学效果的最大范

第三章 教学的起点与终点:中学语文教学目标设计

围。因此,它是一种远期目标,是一种理想,反映着教学所朝向的方向。

在中学语文教学中,这种目标常常以"学习……精神""坚定……意志""树立……观念""培养……态度""陶冶……情操"这一类型的语言形式来表达。

2. 到达目标

到达目标是每个学生都必须达到和能够达到的目标。它在教学效果上代表最小范围和最低限度,是建立向期望目标方向努力的学习标准。

一般来说,中学语文基础知识的掌握,中学语文基本技能的形成,属于到达目标,学年目标、学期目标、单元目标和课文目标等也属到达目标之列。此外,在中学语文教学中,这种目标常常以"了解……""掌握……""理解……""区别……""举出……""说出……""读出……""写出……""比较……""概括……""批判……""鉴赏……"等语言形式来表达。

(四)单一目标与多元目标

1. 单一目标

所谓单一目标,就是只要求通过教学实现一个目标。这只适用于小范围的教学活动。中学语文知识短文的教学,可以只限于理解某一种语文知识的单一目标;有些阅读课文的教学,也不妨只确定一个目标。

2. 多元目标

中学语文教学的总目标是多元的,为的是全方位提高中学生的语文素养。当前,子目标也可能是多元的。要确定目标是单一的还是多元的,必须充分考虑到教学及学生等的实际情况。

(五)结果性目标、程序性目标与体验性目标

1. 结果性目标

结果性目标也称"知识与能力目标",即通过一定时间的教学,学生

· 57 ·

学习行为变化要实现的结果。也就是说,学生学习一门课程,经过一定阶段,要获取多少知识,在技能、能力上要提高到何种程度,要取得何种结果,这是知识目标、能力目标都具有的共性特征。因此,人们常把知识与能力合在一起,叫作"结果性目标"。

结果性目标的基本特点是具有动态递升性。有些知识与能力目标可能一节课或一个单元就可以实现,有的知识与能力目标可能要经过一学期甚至二三年才能真正实现。因此,知识与能力的培养要有一个近期、中期和长期的获取过程。

2. 程序性目标

程序性目标也称"过程与方法目标",即在教师指导下,学生获取新知识的周期性多元互动的基本程序和具体做法。把过程与方法作为一个维度目标提出来,是为了突出"知识与能力"这一结果性目标产生、发展和形成的过程,是为了强调如何指导学生学会学习,学会发展,学会创新。也就是说,程序性目标更强调学习的过程,不仅要明确知识与能力的获得要经过哪些步骤、程序和阶段,还要懂得在过程的前、中、后阶段相应选取何种具体做法,整个学习活动过程才能实现最优化。

3. 体验性目标

体验性目标也称"情感态度与价值观目标",情感态度与价值观是人对亲身经历过事实的体验性认识及其由此产生的态度行为习惯,是对互动教学中心理因素的功能性要求。因为情感态度与价值观不仅有着密切的内在联系,而且都有一种共同的功能,就是对师生互动教学过程与方法的优劣有极其重要的影响制约作用,对结果性目标的达成有巨大的调控作用。因此,教师的责任就是要指导学生用积极的情感战胜消极的情感,用科学的态度去克服消极的态度,并树立正确的价值观,逐步养成良好的行为习惯。

这里需要特别指出的一点是,在确定中学语文教学目标时,结果性目标是基础性目标,是课堂教学的常规性任务,必须明确、具体,每节课都让学生有实实在在的收获;程序性目标要实在,要重视让学生自己去体验和探究,要与结果性目标紧密结合,不能游离于具体的教学内容和教学任务之外,更不能为过程而过程,为方法而方法;体验性目标应该是熏陶感染式的,不能成为标签,不能像讲解知识点那样"教"给学生。

(六)认知领域的目标,技能领域的目标与情感领域的目标

1. 认知领域的目标

认知领域的目标一般分为以下几个层次:

第一,知识。包括字词识记、汉语知识、文章知识、写作知识、文学知识及文化常识等。

第二,理解。包括词语理解、句子理解、内容理解、作者创作意图理解等。

第三,运用。包括遣词造句,用有关知识解释说明,运用已有知识独立作文,运用不同方法改写、缩写、扩写、读写课文,运用已掌握的阅读方法自己阅读课外书籍等。

第四,分析与综合。即指出重要词语在语言环境中的意义和作用,指出不同文体、文学样式的区别,指出不同写作方法的特点,提出疑问并解决问题。

第五,评价(欣赏)。包括阅读文学作品有自己独特的感悟和自己的情感体验,读出自我;仔细品味作品中富于表现力的语言,能从不同的视角对同一作品提出自己的观点。

2. 技能领域的目标

技能领域的目标,主要包括观察、模仿、练习、适应四个层次,涉及的内容包括查字典、书写、朗读、默读、口语交际等。其中,查字典就是能熟练地使用字典,会用多种检字方法。书写就是在使用硬笔熟练地书写正楷字的基础上,学写规范、通行的行楷字,提高书写速度。朗读就是能用普通话正确、流利、有感情地朗读;能读准轻重、快慢、语调与语气。默读就是在阅读一般现代文时每分钟不少于500字。口语交际就是能注意对象和场合,文明得体地进行交流;能根据对方的话语、表情、手势、眼神等,理解对方的观点和意图;能清楚、连贯、不偏离话题地表达自己的观点;讲述见闻,内容具体,语言生动;复述转述,完整准确,突出要点;能就适当的话题做即席讲话和有准备的主题演讲,有自己的观点,有一定的说服力;课堂内外讨论问题,能积极发表自己的看法,有中心,有根据;能听出讨论的焦点,并有针对性地发表意见。

3. 情感领域的目标

在中学语文教学中,情感领域的目标主要涉及以下几个方面:

第一,接受。即能欣赏名言佳句,对文章所阐述的思想有同感,对作品中的人物命运有共鸣,能按教师的要求口头或书面回答问题等。

第二,反应。即能说出从文章中获得的美的体验,朗读能准确地表达出作品的情感,能模仿情节中角色的言行及文章的写作特点,说话、演讲注意表情和语气,有感染力等。

第三,价值倾向。即对课文所描述对象的是非、美丑能进行鉴别,对作品中所展示的真善美能产生某种价值感和认同感,能根据自己的价值标准对课文做出某种情感反应,能对文中的假丑恶进行鞭挞,进而引发对美好生活的追求等。

第四,品格形成。即能把课文中某个人物形象内化为自己的生活偶像,能把课文中的某个哲理内化为生活的准则,写作中能写出自己的独特感受和真切体验,能够就作品中英雄人物的背景激发出崇高感、正义感与使命感。

第二节 中学语文教学目标的设计与表述

一、中学语文教学目标的设计

(一)中学语文教学目标设计的依据

在进行中学语文教学目标设计时,为了确保其科学性、客观性和可行性,必须切实依据以下几个方面:

第三章 教学的起点与终点:中学语文教学目标设计

1. 中学语文课程标准

在实际教学的课程中,课程标准常常被教师遗忘。教师习惯于翻阅教材、教参,却忘了这一切设计的纲领性的文件是课程标准。因此,在设计中学语文教学目标时,必须要依据课程标准。比如,《普通高中语文课程标准(实验)》对必修课程的"阅读与鉴赏"部分做出了要求,如"充实精神生活,完善自我人格,加深思考和认识""发展独立的阅读能力""注重个性化阅读""积极的鉴赏态度"等。教师对这些要求有了一个总体性的认识之后,便要试着在一定的文本具体情境之下将这些要求拆解为多个教学目标,这样教学目标方能更加合理。

此外,在依据课程标准来设计中学语文教学目标时,要注意认真把握现行课程标准的精神实质,明确三维目标(即结果性目标、程序性目标与体验性目标)的内涵,找出其与具体教学内容之间的联系;要注意揭示教学内容中三维目标间的相互关系,挖掘教学内容中的智力因素和情感因素,确定教学目标的类型、内容和相应的学习水平。

2. 教学内容

在设计中学语文教学目标时,要详细分析教学内容的特点,内在的逻辑关系,在教材中的地位和作用,以便确定重点目标和难点目标,更好地把握目标间的隶属关系。

3. 学生的实际水平

课程标准是建立在对学生个性充分尊重的基础上的,故而教师在进行教学时,也要最大限度地尊重个体的发展,本着"以人为本"的理念,教师眼中要有"人",把学生放在主体地位进行考虑,将他们的能力和兴趣纳入自己的思考范围,使得学生更好地参与到教学中来。因此,中学语文教学目标的设计要恰当,即目标既不拔高,也不降低,与学生的实际水平相符合。具体来说,在设计中学语文教学目标时,对学生的实际水平进行分析需要包括以下几个方面:

第一,了解学生的个性特征和学习风格。这是指教师要对自己所教学生的学习个性和学习风格及其对语文学习活动的影响,进行全面充分了解,以便按照课程标准确定教学目标要求,为不同状态和水平的学生提供适合他们发展的最佳教学条件。同时,教师要经常主动与学生沟通交流,认真听取他们对教学工作的意见和建议,从心灵上读懂学生,贴近学生,以使教学目标制订得更具针对性和实效性。

第二,分析学生语文学习的准备状态。这主要指对学生在开展新的语文学习活动前已有的为该项学习活动做好的准备,内容包括已有的相关知识,对即将学习的内容的心理倾向等。教师可以通过诊断测验、作业批改和提问等方式来了解学生的准备状态,并采取相应的措施,以确保学生具备开展新的语文学习活动必要的起点能力。

第三,预测学生语文学习未来发展水平。教师不但要关注学生当下的语文学习状况,还要结合课程标准和教学内容,看教学最终要达到的目标,即学生的"最近发展区"是什么,其和学生当下的语文学习水平之间的差距是什么,从而去判断教师需要教什么,学生需要学什么。也只有做到这点,才有可能为学生的语文学习出谋划策,提供积极的建议。

(二)中学语文教学目标设计的要求

中学语文教学目标的设计,应该达到以下几个基本要求:

1. 准确

设计中学语文教学目标要对两个要素有准确解读,一是教材的要求是什么?二是学生能否达到教材的要求?目标的准确预设和有效达成十分重要。忌设计的错位和虚设。

2. 具体

设计中学语文教学目标要具体到知识的某一个点,技能的某一个点,能力的某一个点。忌目标设计的大而空。

3. 简洁

设计好的中学语文教学目标要准确、简洁,干净利落,以短句为上。忌啰唆、杂糅,长句易患语病。

4. 适度

设计中学语文目标要切合教学的实际和学生的需要。一课时的教学目标一般以两到三个教学目标为宜。忌目标设计的多而杂。

(三) 中学语文教学目标设计的原则

在进行中学语文教学目标设计时,为了确保其科学性和可行性,必须遵循以下几个原则:

1. 系统性原则

中学语文教学目标设计的系统性原则,就是说设计好的中学语文教学目标应该形成一个有层次性、连续性的循序渐进的目标系列。中学语文教学目标按纵向从大到小分,依次是总目标、学段目标、年级目标、学期目标、单元目标和课文目标,这是一个完整的教学目标系列。确定课文目标,在从课文实际出发的同时,要把课文放到整个单元、全册及整套书的大系统中考虑,以确保课文目标的层次性和连续性。一般来说,一个单元的各篇课文目标,都是不同程度地体现单元目标的,或者全部体现,或者体现其中的某一方面。

2. 独立性原则

中学语文教学目标设计的独立性原则,就是说任何一个课题的中学语文教学目标,都是一个有相对独立性的整体,所制定的目标必须是针对该课题具体内容而言的。

3. 确定性与模糊性相统一原则

中学语文教学活动,无疑应该有一定的教学目标,纳入一定的教学过程,采用一定的教学方法,否则,整个中学语文教学活动就会失去方向,就会处于盲目、随意、无序的状态。但是,中学语文教学的目的,并不是要学生去掌握语文这门知识,而是要他们能够习得一种行为,即会读、会写、会交际,同时受到人类文化的熏陶。因此,中学语文教学尤其是阅读教学,有不少是属于感受性的。不仅情感陶冶、人格培养、审美教育要依靠感受,而且语言在很大程度上也需要感受。这些都无法做确定的分析和判断,自然也没有确定的表征,这就使中学语文的一些教学目标带有"模糊"的特点。因此,在进行中学语文教学目标设计时,必须遵循确定性与模糊性相统一的原则。

4. 预设性与变动性相统一原则

中学语文教学是有目的、有计划、有组织的活动,它的运行需要一定的程序,预设目标是其内在的要求。此外,新课程倡导开放互动的教学,倡导学生的自主参与,使课堂教学成为一个不断生成的师生交往过程,这其中必然会出现和教师预设的教学目标不一致甚至相冲突的情况。这就要求教师能尊重学生,灵活面对,珍惜课堂中即时生成的宝贵课程资源,及时果断地做出恰当的判断,对预设的教学目标做出调整和改变,促使教学往有利于提高中学生语文素养的方向发展。

5. 单一性与综合性相统一原则

任何一种纳入教学体系的教学材料,都有自己服务于该体系的训练侧重点,从这点上讲,中学语文教学目标必须是单一的。所谓"一课一得"正是中学语文教学目标单一性的体现,它反映的是中学语文教学的重点。但是,中学语文教学目标的单一性与中学语文教学内容的综合性又是矛盾的。为了使二者和谐统一,必须对中学语文的教学内容进行认真研究,就其最主要之点提出教学目标,并尽可能地兼顾三维目标。

6. 复现性原则

就一种文体或就一个单元甚至一篇课文的教学来说,中学语文教学目标具有复现性的特点,这是由中学语文学科的性质决定的。中学语文学科属于实践性学科,它必然会着眼于学生语文实践能力的形成,而培养这种实践能力的途径是通过学生在教师指导下的实践和操作。在这个过程中,其"运动量"必然大大超过其"发展量",呈螺旋式发展。这是一切认识活动和实践训练都必须遵循的原则,我国"多读多写"的传统具有复现性。因此,在设计中学语文教学的目标时,既要注意前后的衔接,又要重视必要的反复。

二、中学语文教学目标的表述

中学语文教学目标的表述是中学语文教学目标设计中技术性很强的一项工作,影响着中学语文教学目标的明确性、准确性及可行性等。因此,在进行中学语文教学目标设计时,要高度重视中学语文教学目标的表述。

(一)中学语文教学目标表述的基本要素

在进行中学语文教学目标表述时,通常来说要包括以下几个基本要素:

1. 行为主体

所谓行为主体,就是学习者,即学生。因为判断教学效果的直接依据是学生的心理和行为的变化,而不是教师是否完成任务。因此,语文教学目标表述要从学生的角度出发,行为主体应当是学生,而不是教师。

尽管有时行为主体"学生"两字没有出现,但也必须是隐含着的。也就是说,中学语文教学目标不应该陈述教师做什么,而应陈述教学后学生会做什么或会说什么。

2. 行为动词

行为动词用以描述学生形成的可观察、测量的具体行为。设计者在表述行为目标时,应针对不同教材内容应达到的要求,尽可能选择恰当的,选用意义确定和易于观察的行为动词,以加强中学语文教学设计的可操作性和教学质量的可测度性。为此,要尽量少用"懂得""了解""理解"等模糊及难以观察的动词。

3. 行为条件

影响学生产生学习结果的特定的限制或范围,便是行为条件。其主要说明学生在何种情境下完成指定的操作,如"借助工具书""结合上下文""看完全文后""在课堂讨论时""在了解作品创作背景的基础上""通过听说交流""通过默读课文""根据所给的材料"等。

4. 表现程度

学生对目标所达到的最低表现水准,便是表现程度。其用以评测学习表现或学习结果所达到的程度,如"能完整流畅地背诵一首诗""完全无误""一分钟内完成""每个学生阅读现代文每分钟不少于500字""能运用学过的病句修改知识改正作文中的语病"等。标准的说明可以是定量的或定性的,也可以二者都有。

(二)中学语文教学目标表述的基本方式

在进行中学语文教学目标表述时,可以运用的方式有以下几个:

1. 认知观的表述方法

通过内部心理过程来描述中学语文教学目标,便是认知观的表述方法。其往往使用表示内部心理过程的动词,如"理解""掌握""欣赏""领会"等。这种方法有助于对中学语文教学目标做出概括,但是缺乏量与质的规定性,以此作为衡量教学质量的标准是比较困难的。但是,当有些心理过程无法行为化时,使用这种描述心理过程的术语也不可避免。

2. 行为观的表述方法

用可观察、测量的外显动作行为来描述中学语文教学目标,便是行为观的表述方法。其中,最具代表性的就是目标陈述法。这种方法包含了四个要素,即教学对象、行为、条件和标准。

采用此法进行中学语文教学目标表述,可以使目标的表述做到具体、明确,便于操作,利于指导和评价教学。但由于它只强调学生的学习结果,只重视学生外在行为的变化,不能反映学生内部因素的变化,因此这种方法比较适用于描述认知领域和技能领域方面的目标。此外,在进行中学语文教学目标表述时,运用这种方法要特别注意:一要明确教学对象;二要说明教学对象在学习活动结束后应达到什么样的学习标准,这种描述要求具有可观察性的特点;三要说明教学对象在什么样的情境下完成所规定的行为,它既说明了学生在什么样的情景中完成规定的行为,也说明了应该在什么样的情况下评价学生的学习结果。比如,"每个学生都要在三年的时间内背诵优秀诗文 50 篇""每个学生要在通读课文的基础上理解主要内容"等。

3. 内外结合表述法

内外结合表述法是由教育心理学家格朗伦提出的,他在《课堂教学目标的陈述》一书中提出了先用表述内部过程的术语陈述教学目标,然后再用可观察的行为做例子,使这个目标具体化,这就是用内部过程和外显行为相结合设计教学目标的方法,即内外结合表述法。

运用这种目标表述方法,通过对学生外在行为变化的观测,反映了学生内部因素的变化,因而特别适合描述情感、能力领域的教学目标。

第四章 提高阅读能力:中学语文阅读教学设计

在中学语文教学中,阅读教学是最重要的组成部分。中学语文阅读教学所花费的时间和精力往往是最多的,阅读教学的质量与效率也在极大的程度上决定着整个中学语文教学的质量与效率。此外,中学语文阅读教学不同于一般的个体阅读,它是在一定的教育场所内开展的,在教师有计划,有步骤的指引下,以中学生为主体的集体性活动,其最终目的是促进中学生阅读能力的提升,也就是让中学生学会阅读,爱上阅读。在本章中,将对中学语文阅读教学及其设计的相关内容进行详细论述。

第一节 中学语文阅读教学的地位与作用

一、中学语文阅读教学的地位

中学语文阅读教学,既是整个中学语文教学的基础,也是中学语文教学中做得最早、最多、最持久的一件事情。由此可以知道,中学语文阅读教学在中学语文教学中占有十分重要的地位,这具体是通过以下几个方面表现出来的:

(一)能够为中学语文教学提供识字写字基础

语文教学的一项基本任务,就是引导学生对祖国的语言文字进行正

第四章 提高阅读能力：中学语文阅读教学设计

确的理解和运用。而无论是有效地读，还是有效地写，都必须从识字写字开始。

最新颁布的《语文课程标准》规定，九年义务教育阶段的学生应"认识3 500个左右常用汉字。能正确工整地书写汉字，并有一定的速度"。这既是中小学阅读教学的重要内容，也是贯穿中小学语文教学始终的任务。而要使学生认识、会写这些数量的汉字，一个重要的途径就是阅读。从这一角度来说，阅读教学能够为中学语文教学提供识字写字基础。

(二)能够为中学语文教学提供一般知识和能力基础

这里所说的一般知识，主要是指包括语文学科知识在内的各种基础科学文化知识，也即人们关于自然、社会和自我的一般知识；一般能力主要是指人们认识世界的各种基本心理能力，如观察力、记忆力、思维力、联想力、想象力等。

使学生在一般知识和能力方面得到全面的增长，是语文教学的一个重要成果。而语文教学这一成果的获得，也对学生的一般知识和能力具有很强的依赖性，即学生的一般知识和能力是整个语文教学得以顺利进行的基础。

对于学生来说，要想有效获得一般知识和能力，最主要的途径就是阅读教学。

(三)能够为中学语文口语教学和写作教学的进行提供便利

在中学语文教学的构成中，口语交际教学和写作教学是两个重要的组成部分。而口语交际教学和写作教学的顺利进行，都离不开阅读教学的支持。

口语交际教学在语文教学中虽然自成体系，但在实际操作上，每个学期除了有限的几次独立练习外，它更多的是渗透在阅读教学中进行的。在阅读教学中，教师会指导学生进行朗诵、齐读、答问、讨论、交流对话等，这除了满足阅读教学的需要外，还会有口语交际教学的目的。

写作离不开借鉴和模仿，阅读教学所教的一篇篇古今中外脍炙人口的名篇佳作，正好为写作教学提供了上好的借鉴和模仿的范例。而且，在阅读教学中，教师会引导学生解剖结构，揣摩语言，赏析写作特色，这大多含有指导写作的用意。

(四)能够促进中学生的全面发展

中学语文阅读教学的内容无所不有,无所不包,既含有多样性、综合性很强的知识、智力、思维、技能因素,又含有丰富的审美、情感、思想、道德因素。因此,通过阅读教学,中学生的综合素养能够得到有效提升,继而使自身不断得到全面发展。

二、中学语文阅读教学的作用

阅读是人类认识世界的最基本的方式和途径,通过阅读,人们可以获取生存发展的信息,了解世界,认识人生,发展思维,获得审美体验等。而阅读教学作为语文教学乃至整个教育的一个重要组成部分,在促进学生的一般发展方面具有重要的作用,具体表现在以下几个方面:

(一)中学语文阅读教学能够丰富中学生的知识

知识很大一部分都保存在文章和书籍中,而阅读文章和书籍是摄取知识的基本途径之一。文章和书籍中所反映的社会现象和自然现象广泛而深刻,既能够扩大读者的生活视野,提供广博的知识,又能通过间接经验,深化读者的感性认识。

虽然说中学语文在根本上并不是知识性学科,但中学生从阅读中获取的知识所占比重很大,而抽象的观念化的知识则多半要从阅读中获得。从这一角度来说,中学语文阅读教学能够有效丰富中学生的知识。

(二)中学语文阅读教学能够有效提高中学生的认识与理解能力

众所周知,人类规范的、系统的启蒙教育,都是从识字、阅读开始的。读物,无论是只言片语,还是鸿篇巨制,无不是人类思维的记录,记载的都是人类认识世界的成果。

阅读是语言和文字相结合的活动,而文字是口语的符号,阅读也就是识别文字符号的程序,它和单凭听觉的语言形成的认识不同,它能借助文字所表现的事物和现象形成的认识,使读者的理解程度达到更高水平。同时,通过阅读,无论是品句还是析段,无论是理序还是探旨,无论

第四章　提高阅读能力：中学语文阅读教学设计

是鉴赏写法还是品味思想，无不可以打开作者的思维，领略人类思想认识的成果。文章作品不仅是作者运用观察、记忆、联想、想象等多种心理能力进行判断、推理、分析、归纳、抽象、概括等思维活动的方法写照，也是作者对世界，对人生丰富的历练与关注，深刻的洞悉与体验，以及独到的发现与感悟的内容展现。因此，通过对文章作品的阅读，可以使人明智开窍。从这一角度来说，中学语文阅读教学能够有效提高中学生的认识与理解能力。

（三）中学语文阅读教学能够提高中学生的写作能力

一般来说，开展语文教学重在培养学生的听说读写四种能力，其中读和写的关系尤为密切。读和写都是书面语言，性质相同。阅读能在观点、主题和素材方面给学生以启示，还能提供写作方法的范例，使学生多方有所取法。也就是说，读是写的基础，阅读教学是写作教学的基础。从这一角度来说，中学语文阅读教学能够有效提高中学生的写作能力。

（四）中学语文阅读教学能够提高中学生的综合文化素养

教师在开展中学语文阅读教学时，会引导学生在课内外阅读大量的作品。通常而言，这些作品有着广泛的题材和丰富的内容，几乎对人类文化知识的全部领域都有所涉及。学生阅读这些作品，就是与历史对话，与世界交流，与时代同行。

从这一角度来说，中学语文阅读教学有助于中学生开阔视野，增长见闻，拓展精神空间，提高自身的综合文化素养。

（五）中学语文阅读教学能够提高中学生的文字信息加工处理能力

中学生若能持续、专注、长期、大量、广泛地阅读，必然会使自己的认知结构、思想情操，人格气质和言语感受，领悟力及对言语文字信息的加工处理能力，发生巨大的变化。而建立丰厚的语言积累，形成良好的语感，获得言语信息加工处理能力，这既是作为工具课的中学语文阅读教学的根本任务，也是作为综合文化课的中学语文阅读教学的必然结果。

(六)中学语文阅读教学能够陶冶中学生的情操

书面语言和思想观念、道德情操有着深刻的内在关系,它在培养观念和陶冶情操方面的作用甚大。同时,这种作用往往是潜移默化的,并伴随着强烈的感情因素。

中学生在中学语文阅读教学中所接触的阅读作品,通常会含有丰富的思想、审美、道德、情感因素。通过阅读这些作品,中学生无不是在接受一次次的情感陶冶。因此说,通过中学语文阅读教学,能够有效陶冶中学生的情操。

当然,在中学语文阅读教学中,中学生通过阅读在情操上受到的陶冶程度,有时并不为外人觉察,实际上却可能产生意想不到的陶冶作用。因此,在中学语文阅读教学中,教师要注意发挥教育的向导作用,借助阅读指导使中学生按照一定的道德规范发展。

(七)中学语文阅读教学能够提升中学生的文化品位

中学生在中学语文阅读教学中所接触的阅读作品,除了会含有丰富的思想、审美、道德、情感因素,还会有很大一部分代表着民族的优秀文化和人类的进步文化。中学生通过对这些作品的阅读,必然能不断提高自己的文化品位。

第二节 中学语文阅读教学的目的、方法与原则

一、中学语文阅读教学的目的

中学语文阅读教学的开展是有一定的目的性的,其中最主要的目的有以下几个:

(一)向中学生传授阅读知识

在中学语文阅读教学中,向中学生传授一定的阅读知识是一个十分

重要的目的。具体来说,在中学语文阅读教学中需要传授给学生的阅读知识主要有六类:一是文字知识,二是语言知识,三是读写知识,四是逻辑知识,五是文学知识,六是其他相关知识。

(二)培养中学生的阅读能力

中学语文阅读教学的目的,从根本上讲,就是培养中学生的阅读能力。这是由中学语文课程的总的教学目标决定的。《九年义务教育语文课程标准(实验稿)》指出,语文课程"必须面向全体学生,使学生获得基本的语文素养。语文课程应培育学生热爱祖国语文的思想感情,指导学生正确理解和运用祖国语言,丰富语言的积累,培养语感,发展思维,使他们具有适应实际需要的识字写字能力、阅读能力、写作能力、口语交际能力"。口语交际能力和写作能力,是分别通过口语交际教学和写作教学来培养的,而阅读能力的培养则是阅读教学特有的任务。

1. 阅读能力的含义

所谓阅读能力,就是"有阅读的意愿,又顺利地读完一定的篇章,并按照一定的思路对文章进行理解,可以提出问题,并在脑海中存留一定印象的能力"[①]。

2. 阅读能力的结构要素

从不同的角度看,阅读能力有不同的结构要素。
(1)从能力的实质看阅读能力的结构要素

心理学认为,能力是主体在活动中,自身具有对活动进程进行预计、监控、调整的作用。这种作用来自主体所具备的知识、技能和经验。知识有助于主体确定活动的目标、方向,分析活动的条件、对象,确认活动的性质,制订活动的程序。技能有利于主体控制动作的顺序、方式、幅度、速度,动作的先后相继与完美组合,尤其是心智技能,决定着个体对各种信息处理及变换方式的多样化和熟练程度。知识在活动中起定向作用,技能在活动中起执行和控制作用。因此,"能力的实质,乃是由知识和技能构成的那种个体经验。如果缺乏必要的知识、技能,则活动的

---

① 郑艳. 中学语文教学设计[M]. 重庆:西南师范大学出版社,2017:87.

定向和执行就不可能实现,也就不可能进行相应的活动,也就不存在相应的能力"。以此考察阅读能力,那么,阅读能力的结构要素有知识、技能、策略、速率。知识指的是读者应具备的关于阅读的知识及有关所读书文的知识。技能指的是关于阅读的多种方法及其熟练地运用。策略指的是可以调节阅读活动的监控系统。速率是有关阅读活动的质量与速度的检测。

(2)从能力的心理过程看阅读能力的结构要素

能力是个体的心理特征,而心理特征以心理过程为基础,并影响着每个人的心理过程。阅读能力同样如是。因此,从阅读能力所涉及的心理过程来看,阅读能力的要素有:动机的激发和保持,阅读过程中的注意力、感知力、理解力、联想和想象力、记忆力、情感激活力、意志力、创造力等。从这一角度看,个体的阅读能力的形成和发展,不能不顾及个体的动机、兴趣、情感、意志等非智力因素的培育及个性倾向的张扬。

(3)从阅读活动的类型看阅读能力的结构要素

阅读活动不同,需要的阅读能力也会有所差异。阅读活动按阅读对象的区别可以分为白话文阅读与文言文阅读,文章阅读与文学阅读,哲学、社会科学著作的阅读与自然科学著作的阅读。按阅读目的的差异可以分为积累性阅读、理解性阅读、欣赏性阅读、研究性阅读、创新性阅读、消遣性阅读等。此外,按照读者的年龄阶段和需求看,还可以区分为幼儿阅读、青少年阅读、成人阅读,以及基础阅读、职业阅读、专家阅读等。

3. 阅读能力的构成

通常而言,阅读能力是由以下几种具体能力构成的:

(1)阅读感知能力

感觉器官对言语形式、音义方面的直接反映,便是感知。而感知能力是个体在阅读中对语言文字符号系统进行正确认读、感知的能力,包括认识字形,读准字音,弄懂字义,了解文意,初步感知作品中生动的形象和优美的语言等,要求能与他人交流自己的阅读感受。

培养中学生的阅读能力时,首先需要从感知能力开始,并且要引导学生形成准确、迅速的感知能力。而要培养学生的阅读感知能力,基本的方法就是指导学生静下心来,克服浮躁和慌张,一遍一遍地阅读课文,一遍一遍地感受。有的教师要求学生在预习中至少读课文三遍:读第一

第四章 提高阅读能力：中学语文阅读教学设计

遍认字解词,疏通文句,粗知课文大意;读第二遍,了解课文段落层次,明确课文思路;读第三遍,熟悉课文内容,闭目而思,文章了然于胸。这种做法,对培养学生的感受能力大有益处。读书静,才能去烦躁。多一分宁静,就会减少一分焦虑。读书要耐心耐烦,一步一个脚印,踏踏实实就能获得真感受。

(2) 阅读理解能力

理解就是读者运用其原有知识解释和建构所读文章的意思,确定语言文字所包含的思想情感或社会信息。同时,阅读理解能力是个体独立阅读能力的一个最基本能力。因此,在中学生的阅读能力中,最为核心的便是理解能力。

在中学语文阅读教学中培养中学生的理解能力,可切实把握好以下两个方面:

第一,真正的理解是特定语境中的理解。狭义的语境,就书面语来说指的是上下文。一般来说,相关的句子、语段是词语的语境,相关的语段、全篇是句子的语境,全篇是语段的语境,作者写作时的思想感情倾向、社会或自然环境是全文的语境。因此,理解应该词不离句,句不离段,段不离篇。也就是说,要提高阅读理解力,必须要引导学生确立语境观念,提高其在语境中理解分析问题的能力。

第二,只有理清文章的思路,才能认识文章的真谛。因此,在培养学生的理解能力时,要引导学生根据词序理解句子,从句与句之间的关系理解一段话所要表达的意思,再根据各段间的关系来理解一篇课文所表达的中心意思。

(3) 阅读评价能力

所谓阅读评价能力,就是在全面、深刻理解的基础上,评价读物格调的高与低,社会作用的大与小或积极与消极等的能力。

评价读物只能在理解和欣赏的基础上进行,而且评价读物不等于侧重情感体验的欣赏性阅读,而是一种侧重于理性认识的活动。在评价读物时,读者要对文章或作品进行具体分析,对正确的、深刻的、优秀的内容和形式要给予充分肯定,对错误的、浮泛的、平庸的内容和形式要给予批判;同时还要求读者做到不人云亦云,要求读者独立思考,能说出自己独特的认识和评鉴。评价读物时要求读者对读物进行全面、深入的了解,而不能就书论书,就文论文。还要求读者不仅要解析书文,还要做到知人论世,对文章或作品进行综合研究。

在引导学生评价一篇作品时,需要包括多方面的内容,如对作品的思想观点正确性和社会意义进行评价;对作品具体材料的真实性和典型意义进行评价;对作品章法、语言艺术性和创作意义进行评价;对作品气质、风格独特性和审美意义进行评价。此外,在引导学生对一篇作品进行评价时,应注意跳出作品,与作者保持一定的距离,依靠作品内在的证据和外在的准则,出入作品内外,反复对照权衡,客观公正地做出科学评价,要有实事求是的态度。评价要有分寸,要有理有据,既不无限拔高,也不故意贬抑,要在充分理解作品的基础上进行评价,不能望文生义,不能架空评价。要引导多元解读,不强求解读一致。

(4)阅读鉴赏能力

所谓阅读鉴赏能力,就是在全面、深刻理解的基础上,上升到对作品思想内容和语言形式的审美观,要求驱遣想象,反复涵咏,实现情感体验,获得审美享受。

在阅读能力中,阅读鉴赏能力是一种较高层次的能力,贯穿于阅读的全过程。选择什么文章读需要鉴赏能力,对读物描写的形象的感情和精彩段落的思考等也需要鉴赏能力,然而鉴赏能力的主要用处还是在阅读的评价阶段。在这个阶段中,读者要对读物的内容的内在价值和社会效益做出评价。由于读者的知识、生活经验和心智技能等方面存在差异,鉴赏能力也就存在差别,鉴赏所得也就不同。所以要提高鉴赏能力,就要求读者具有较渊博的学识。

在中学语文阅读教学中对学生的鉴赏能力进行培养时,要特别注意以下两个方面:

第一,要积极引导学生调动生活经验,展开想象。在欣赏文章时,要充分联系自己直接的或间接的生活经验,开展积极的思维活动,运用想象把文章中写的各种情景、事物再现出来,使人如临其境,如见其物。

第二,要引导学生多阅读优秀作品。"鉴赏力不是靠欣赏中等作品,而是靠欣赏最好的作品才能培养的。所以我只让你看款式好的作品,等你在最好的作品中打下牢固的基础,你就有了用来衡量其他作品的标准。"因此,要培养学生的阅读鉴赏能力,教师就要从优秀的作品下功夫。多推荐优秀作品,开展各种形式的读书交流会,多鼓励学生阅读优秀作品。

(5)阅读创造能力

所谓阅读创造能力,就是读者在阅读中有新的发现,提出或解答作

第四章 提高阅读能力:中学语文阅读教学设计

品原有内容之外的新问题。它要综合阅读感知、理解、鉴赏、迁移各种技能,运用创造性思维产生超越文本原有内容的新颖、独特的见解或思路,因而是最高层次的阅读能力。

(6)阅读迁移能力

运用阅读所得知识、技能和情感来解决新问题的能力,便是阅读迁移能力。从根本上来说,阅读迁移力就是要求读者由"意化"转向"物化",由"输入"转向"输出"。阅读迁移力一般包括:阅读借鉴力,即阅读心得的概括;阅读表述力,即阅读向表达转化;阅读类化力,即阅读应用,解决新问题。

(三)培养中学生良好的阅读习惯

培养中学生良好的阅读习惯,也是中学语文阅读教学的一个重要目的。具体而言,需要针对中学生培养的良好阅读习惯主要有以下几个:

1. 自觉的阅读态度

自觉的阅读态度,是中学生在阅读教学过程中必须要养成的。文章是别人写的,读者自己才是主体,应该依据自己的认识,在以接受者态度去阅读的同时,也要以评价者的态度去读。对于文章所反映的事实和表达的思想,如果原封不动地全盘接受,或者完全接受教师的结论,那就是被动的阅读,其价值是很有限的。为了发挥阅读的效能,需要培养学生的主体意识,以自己的感性和理性认识为基础,形成自己的判断。

2. 思考的阅读习惯

读者在阅读时,必须要进行思考。想从文章中获得些什么,并期望自身联想和创造什么,都必须思考。阅读是一种有目的、有意识的行为,没有一种求索的思考意识,只停留在字面上,只能是一种肤浅化的阅读,是不可能十足发挥阅读的功能的。所以,必须养成学生的思考习惯,边读边想,边想边读。

3. 良好的阅读方法

良好的阅读方法,对于良好阅读习惯的养成也有重要的作用。具体

而言,需要中学生掌握的良好阅读方法主要有以下几个:

第一,阅读课文原文和提示、注解、习题的方法。

第二,朗读和默读,精读和略读的方法。

第三,利用工具书如字典、辞典、年鉴、目录、索引等的方法。

第四,做摘录,写笔记,加评语的方法。

第五,使用参考书,包括报纸和杂志的方法。

第六,选择读物的方法。

二、中学语文阅读教学的方法

(一)中学语文阅读教学的常用方法

中学语文阅读教学的常用方法如提问对话法、整体感悟法、理清思路法、言语分析法、诵读涵咏法等。

1. 提问对话法

阅读教学的过程是一个多重关系,多种向度的对话过程。教师的提问在教师教与学生学之间架起了一座桥梁。提问的目的在于以下两个方面:引发中学生的认知矛盾,激起中学生的探索欲望,使中学生愿意从事有一定难度的智力劳动;给中学生的思考提供"支架式"帮助,将中学生个人的思考或集体的讨论引向深层次。

按照不同的标准区分,教学提问可以有多种类型。美国教育家特内根据布鲁姆《教学目标分类学》的基本思想创设的"布鲁姆—特内提问模式",就将提问分成了由低到高的六种类型:知识(回忆)水平的提问,理解水平的提问,应用水平的提问,分析水平的提问,综合水平的提问,评价水平的提问。此外,还可根据教学提问的信息交流形式将教学提问分为特指式提问、泛指式提问、重复式提问、反语式提问和自答式提问等。而从教学提问的内部结构看,它可以分为总分式提问、台阶式提问、连环式提问、插入式提问等。根据提问所运用的策略,可分为直问、曲问、逆问、比较式提问、选择式提问等。

第四章 提高阅读能力：中学语文阅读教学设计

2. 整体感悟法

感悟是读者在已有的知识系统、情感体验、智力水平基础上的对作品的感受和领悟，扩展和想象，提高与创新。整体性感悟是阅读主体把语言文字放在具体的语境中完整地感受，是对言语对象进行多角度、多层面、全方位的整体把握，获得的是言语的表面意义和隐含意义的总和。

为了指导中学生形成自觉的整体感悟的习惯，培养中学生整体感悟的能力，提高中学生整体感悟的水平，教师应当给中学生充分感悟文本的时间，还应当注意指导中学生掌握整体感悟的方法。第一，引导中学生了解文本的全局。第二，促成中学生的原初感悟。第三，形成阅读期待。第四，从初感发展到评说。教师在阅读教学对话中，不仅应当重视中学生的阅读初感，更应当重视中学生对读物的整体评说。

3. 言语分析法

言语分析法建立在细读文本的基础之上，综合运用语言、修辞、逻辑、心理、语境、语体等相关知识和方法，对文本的词语、句子、句群、段落、篇章等言语单位进行语用分析，旨在说明作者为什么要用这样的言语形式去表达这些内容，对于所表达的内容而言，这些言语形式为什么是最恰当的。言语分析法有利于培养中学生的语感。言语分析法的实施，就是在直觉言语材料的基础上，对言语内容和形式进行理法分析，从中提取出有益于提高中学生言语能力的言语经验的过程。

4. 诵读涵咏法

诵读涵咏法指诵读法和涵咏法。

诵读是把文字作品转化为有声语言的创作活动。诵读是心、眼、口、耳并用的一种学习方法。读者在诵读时会自觉地发现自己对文字作品的理解"贴切"或"不贴切"，体验得"对味"或"不对味"。诵读本身就是一个追踪作者的创作动机、创作情状的过程，是对于作品的再理解和再创造。诵读有助于深入理解读物。

涵咏，指的是一种亲身实践、沉浸其中、玩味体会、自得其乐的读书境界。老师引导中学生涵咏，可从以下几点入手：第一，要使中学生明白读书时只有虚心定气，才能密察其意。心浮气躁的心态是无法做到沉浸、涵咏的。第二，要引导中学生懂得"默识心通"的道理。第三，要引导中学生学会"切已省察"。第四，要引导中学生诵读中涵咏。诵读注重的是将文字转化为有声语言，涵咏注重的是对文字的默识心通。二者虽存在明显的差异，但又密不可分。这是因为诵读是心、眼、口、耳的综合活动，声音有助于理解和体验。

（二）中学语文阅读教学方法的选择

在进行中学语文阅读教学时，要切实选择适宜的教学方法，以便取得最佳的教学效果。具体而言，在选择中学语文阅读教学方法时，需要考虑的因素有以下几个：

1. 教学目的

教学方法必须为实现教学目的服务，只有与教学目的的需要相符合，能够保证教学目的实现的教学方法，才是最佳的教学方法，否则就是不当的。离开教学目的的需要选择教学方法，只会导致形式主义或"为技巧而技巧"的错误。因此，在选择中学语文阅读教学的方法时，要充分考虑到教学的目的。

2. 教学内容

教学方法是由教学内容决定的，有的教学内容浅显通俗，适合朗读；有的教学内容深奥，适合分析讲解；有的教学内容富有争议，适合讨论；等等，不一而足。因此，在选择中学语文阅读教学的方法时，要注意针对教学内容进行灵活选择。

3. 教师的特点

每个教师的知识修养、能力素质、风格、特长各不相同，选择教学方法要有利于教师扬长避短，发挥自己的特长优势，取得最佳教学效果。也就是说，在选择中学语文阅读教学的方法时，必须要充分考虑到教师的特点。

4. 学生的特点

在选择教学方法时，学生的心理活动特点和知识能力状况也是重要

第四章 提高阅读能力：中学语文阅读教学设计

的选择依据。因此，在选择中学语文阅读教学的方法时，必须要充分考虑到学生的学习心理和认知水平。一般而言，中学低年级学生热情外向，注意力保持时间短，知识面有限，宜多采用讲述法、提问法；中学高年级学生知识面宽，独立思考能力较强，宜多选用讲解法、讨论法、发现法等。此外，在选择中学语文阅读教学的方法时，还要充分考虑到同一个年级，同一个班级内学生的风格和水平差异。

5. 教学的物质条件

教学方法的选择要考虑教学环境、教学设备等物质条件。例如，讨论法的运用易受课堂教学时间限制，各种电化教学手段的选择易受学校办学条件限制等。因此，在选择中学语文阅读教学的方法时，要尽可能做到因时、因地制宜。

（三）中学语文阅读教学方法的优化组合

"最优化"原为数学术语，广泛运用于交通运输和生产管理部门，其含义是如何按照一定标准，设计最佳方案，以求获得人力、物力消耗最低，而经济效益最高的效果。这一原理运用于教学，就产生了最优化教学理论。而要获得教学的最优化结果，就必须考虑到教学方法的最优化问题，即对教学方法进行优化组合。

对于中学语文阅读教学方法来说，要对其进行优化组合，必须要特别注意四个方面。一是要尽可能运用开阔的思路来选择教学方法，即要尽可能多地想到多种可供选择的方法，方法越多，越有利于综合比较，实现优化组合。二是要对每一种可以选择的教学方法的优缺点进行清楚的认知，只有在此基础上，才可能选出最优的教学方法结合形式。三是要综合考虑选择教学方法的五项依据，并按照一定的运动层次或逻辑顺序将所选的方法进行优化组合，所选方法要既有利于教学目的的实现，又符合教学内容的特点，同时也有利于师生积极性的发挥，要相互协调、相得益彰，有利于整体效能的最佳发挥。四是要灵活地进行教学方法的优化组合，既可以是新旧搭配，也可以是一法为主、他法为辅，还可以是多种方法交替并用等。

三、中学语文阅读教学设计的原则

在进行中学语文阅读教学设计时,需要遵循一定的原则,具体有以下几个:

(一)适度性原则

在进行中学语文阅读教学设计时,既要充分考虑"基础性",不能太"越界",超出学生的认知范围,又要考虑到一定的深度和广度,防止出现学生"消化不良"和"吃不饱"两种现象。

(二)文体性原则

在课堂教学中,很多教师往往将文学作品单纯地当作传递语文知识的工具,将教学固定为程式化的模式,而忽视了文学作品的不同体裁所传递情与美的方式的不同。语文教学需要一定的模式,但是不能模式化和僵化。所以,教师在中学语文阅读教学内容的设计上,一定要把注意点放在不同文体的差异上。同样一个主题,诗歌通过意象的选择和意境的营造来传递;散文会在看似闲庭信步中通过情与景的交融,情与理的和谐来分辨;小说借助环境的渲染和典型人物形象的刻画来彰显;戏剧则会通过集中的情节冲突和舞台对话来让我们感同身受。

(三)主体性原则

在进行中学语文阅读教学设计时必须遵循主体性原则,这主要表现在以下四个方面:

1. 要坚持文本作者的创作主体性

在多数情况下,文章的作者并不知道自己的作品将会被选入教材,所以,作者在创作的时候,很难有面对中学生的读者意识。一般来讲,他们只是用自己的语言传递自己的思想情感而已,而我们在阅读的时候首先要做的,就是要努力探究,作者在什么情境下,什么背景下,为什么而写。因此,教师在进行中学语文阅读教学设计时,必须坚持文本作者的

第四章 提高阅读能力：中学语文阅读教学设计

创作主体性，积极引导学生推究作品背后的深意，更准确地把握作者的写作意图，领会作者所表达的思想感情和作品的思想内涵。

2. 要坚持教材编选者的选择主体性

文本作者创作的作品一旦进入教材，就意味着它不仅仅是一个原生文本，而且一定会被编选者赋予新的价值。这就决定了教师在进行中学语文阅读教学设计时，必须善于体察、分析编者思想，善于思考为何教材是以这样的形式出现的，这样安排的用意是什么，只有这样，教师才能让学生有更多收获。

3. 要坚持语文教师的教学主体性

在开展中学语文教学时，师生的摆位问题至关重要。如何正确处理课堂教学中师生之间的关系，是提高课堂效率和培养学生创造性思维能力的重要环节。很多人把教师比喻成导演、舵手、主持人、裁判员，这都是在突显教师的主体性作用，是遵循教学民主原则的重要体现。也就是说，教师在进行中学语文阅读教学设计时，必须注重发挥自己的主动性，切实参与到教学设计及其实施过程之中。

4. 要坚持学生的学习主体性

教师必须树立正确的学生观，尊重学生的主体性。课堂教学的最终目的，是落实到学生的学习效果上。尊重学生的主体性，应当成为教师的一种深植于内心的教学理念，也是当下课改最为强调的。在此影响下，教师在进行中学语文阅读教学设计时必须注重突出学生的学习主体性，确保全部的语文阅读教学活动，从教学大纲的制定到语文教材的编订，从教学参考书的编写到语文教师的课堂教学，都必须落实到学生的"学"上，都是为了尽快提高学生的人文素质和语文素质，确保在整个语文阅读教学活动中，学生都是一个积极主动的参与者，而不是一个被动的服从者。

（四）个性化原则

中学语文阅读教学设计的个性化原则，就是教师在进行中学语文阅读教学设计时,要积极引导学生对作品进行个性化解读。通常来说,引导学生进行个性化阅读,应紧紧围绕八个字展开,即"解文"——解开文本的篇章意义;"知人"——追寻作者的写作意图;"论世"——挖掘文本的历史现实意义;"察己"——省察文本的自我修养意义。

第三节 中学语文阅读教学过程的设计

中学语文阅读教学的过程,既是对这一活动过程的规律及特点的记录和反映,又是综合运用一般阅读学与阅读教育学、心理学知识和原理的结果。

一、中学语文阅读教学过程的内涵

(一)中学语文阅读教学过程的模式

中学语文阅读教学过程的模式,不同的学者对其有不同的看法。就当前而言,影响较大的中学语文阅读教学过程的模式主要有以下几个:

第一,四段论教学。四段论教学是在19世纪前期由赫尔巴特提出的,即将教学过程分为四个阶段:明了、联想、系统、方法。

第二,五环节教学。五环节教学是在20世纪前期由教育家凯洛夫提出的,具体内容是组织教学,复习旧课,讲授新课,巩固新课,布置作业。

第三,五段论教学。五段论教学是在赫尔巴特的四段论教学的基础上产生的,在19世纪末期产生了重要影响。具体而言,五段论教学的内容包括预备,即复习旧课;揭示,即说明教学目的和学习重点;比较,即新旧知识联系;概括,即归纳中心,得出结论;应用,即指导学生运用和训练。

第四,目标教学。目标教学是在20世纪后半期出现的,是一种以"目标管理"为中心的教学模式,具体包括三个环节:一是制定目标,即在

第四章 提高阅读能力：中学语文阅读教学设计

教学起始阶段制定明确的教学目标，让师生都明白这节课要做什么；二是实施目标，即在教学实施阶段，教师依据目标展开教学；三是检测目标，即教学过程中，依据目标对学生的学习效果进行评测并及时进行矫正。

第五，三主四式教学法。三主四式教学法是由钱梦龙提出的，其中"三主"就是以学生为主体，以教学为主导，以训练为主线；"四式"就是自读课、教读课、作业课、复读课四种基本课式。在这一教学过程的模式中，"三主"是设计"四式"的基本指导思想，"四式"的基本内涵是：自读课是学生自主阅读，理解课文；教读课是教师教会学生自读之法；作业课是学生完成一定的书面或口头作业；复读课是复习旧课的综合性自读。

第六，六环节课型法。六环节课型法是由黎世法提出的，他通过研究中学生学习的八个环节的特点，把学生"制定计划—课前自学—专心上课—及时复习—独立作业—解决疑难—系统小结—课外学习"的学习八环节中六个主体环节改成相应的六种基本课型，即自学课、启发课、复习课、作业课、改错课、小结课。这样，就将学生的基本学习活动纳入了教师指导下的课堂教学，使课堂教学适合学情，并使之规律化。不仅每一单元的教材内容可以依次通过上述六种课型进行教学，而且每一篇新课文的教学也包含这六种因素。此外，通过"自学"初步弄清问题，通过"启发"弄清楚在自学模式中的难点，再通过"复习"将知识系统化，并在理解的基础上记住最基本的事实和知识，然后通过"作业"和"改错"检验前几步掌握知识的正确程度，最后通过"小结"使知识进一步概括化，技能进一步综合化，从而获得比较完全的知识和技能。

第七，六步教学法。六步教学法是由魏书生提出的一种教学过程模式，具体内容包括：定向，即明确教学目标和教学的重难点；自学，即学生根据教学目标自学课文；讨论，即学生讨论自学中的疑难问题；答疑，即师生共同解决学生无法解决的问题；自测，即根据"定向"目标，学生进行自我测试；自结，即学生总结。

第八，八步教读法。八步教读法是由潘凤湘提出的，具体内容包括默读课文，标节码（为自然段编号），勾生字难词；查字典，查字、拼音，选义；分小组朗读课文，听写生字难词；个人钻研课文，写出分析草稿；分小组讨论分析课文；听老师分析课文；个人写出正式的课文分析作业；写读书笔记；熟读和背诵课文。

(二)中学语文阅读教学的常规过程

中学语文阅读教学,通常是按照以下几个环节来展开的:

1. 引导环节

引导是中学语文阅读教学的开端,主要作用是引起学生注意,唤起学习动机,确定学习目标。一般而言,中学语文阅读教学的引导环节主要包括以下几方面的教学内容:

(1)预习

所谓预习,就是让学生按要求自读课文,借助工具书认字释词,扫除文字障碍,初步感知了解课文内容和结构并明确有疑难的地方,做好上课的准备。

教师在教学实践中,既可以布置学生在课前预习,也可以指导学生在课堂上进行预习。其中,课前预习,由于教师不容易监控,学习效果难以得到保证;课堂上的预习,教师可以根据学生的学习情况加以指导,学习效果相对课前预习更有针对性。不过,无论是课前预习还是课堂上的预习,都需要教师加强学习指导,注意培养学生学习的自主性和自觉性,使学生养成良好的学习习惯。

通常来说,预习的要求是由教师提出的,也有编入教材(置于课文前)或练习手册的,教师可以对其进行补充、诠释,也可以在对其进行改造的基础性上予以利用。

(2)解题

对课文的标题进行解读,便是解题。课文标题相当于文章的"眼睛",透过课题可以了解文章的内涵和特点,因此,有经验的语文教师都会通过巧妙解题来导入新课,引导学生找到理解课文的纹理脉络。

课文标题与文章内容,一般而言存在以下四种关系,即课文标题直接揭示主题,如《敬畏自然》;课文标题指示选材范围或对象,如《我的母亲》;课文标题直接指示事件,如《林黛玉进贾府》;课文标题隐含深刻寓意,如《药》。

(3)对课文相关资料进行介绍

对课文相关资料进行介绍,主要是帮助学生对课文进行更加深入的学习与理解。在对课文相关资料进行介绍时,需要包括作者生平、写作缘起、时代背景和社会影响等内容，同时在介绍过程中要特别注意，要充分考虑到课文的特点和学生的具体情况。在对作者进行介绍时，要尽可能选择那些与理解作品有直接关系的内容，避免猎奇或哗众取宠地讲述花边新闻；在对写作缘起进行介绍时，要注意帮助学生更深入地对作品内容进行理解；在对时代背景进行介绍时，重在联系时代背景解读文章，以引导学生能结合具体的情境来理解文章的思想感情和主题；在对作品的社会影响进行介绍时，要注意激发学生学习课文的兴趣，拓展学生的语文学习领域。

(4) 导入新课

导入新课又称为"开场白""开讲""引题""课前谈话"等，是课堂教学的序曲。新课导入的好坏，将会对一堂课的成败产生直接的影响。

一般而言，导入新课阶段要注意向学生明确本课的学习目标、学习内容和学习方法等，且要灵活运用开门见山式、联旧引新式、问题引题路式、知识拓展式等多种导入方式。

2. 研读环节

中学语文阅读教学的研读环节，主要是引导学生深入文本，展开探究讨论，解决重点、难点问题，引领学生在实践活动中学习语文。这是中学语文阅读教学的核心环节，又具体包括以下几个阶段：

(1) 感知阶段

中学语文阅读教学的感知阶段是对课文的整体认识，需要完成以下几方面的教学任务：

一是认识生字新词。训练学生利用工具书识字解词，培养学生的自主学习能力。

二是课文通读。通过通读全文，初步感知课文，通读方式有齐读、范读、朗读、默读、自由读等，教师可视需要灵活运用。

三是感知内容。了解文章的内容概要，辨识文章体裁特点。

四是质疑问难。可以是学生把初步学习中的疑难或问题提出来，也可以是教师有选择地就文章设计系列问题引入对课文的深入学习。

(2) 分析阶段

中学语文阅读教学的分析阶段是深入课文的具体认识，具体包括以下几方面的内容：

一是分析文章的结构。分析文章的结构,是为了把握作者的写作思路,然后通过写作思路掌握文章内容。文章结构分析注意抓住开头结尾、层次段落、过渡照应、详写略写等特点。

二是分析文章的内容要素。通过对文章某些要素进行分析来把握文章内容,如小说中的人物、环境、情节的分析,议论文的论点、论据分析,诗歌的意境、典故的分析等。要素分析透了,文章的内容也就了然了。

三是分析文章的写作技巧。通过认识和借鉴文章的写作方法来深入理解课文,写作的技巧一般包括构思、剪裁的技巧,写人、写事、写景的方法,说明的方法,论证的方法,直接和间接抒情的方法等。

四是分析文章的语言特点。在对文章的语言特点进行分析时,主要分析语言的规范性和艺术性,即语法分析、修辞分析和语言风格分析。同时,在进行文章的语言特点分析时,要特别注意以下几个方面:一是对表现思想内容有重要作用的关键性语句,要根据文章思想内容,联系作者和时代背景进行分析、讲解、吟诵、品味;二是对重点词语,通过理解其丰富的内涵和浓厚的感情色彩,带动对句子的理解,对语段的理解,以及对全文的理解。

五是分析文章的重点、难点与疑点。教学要点是一篇文章的精华所在;教学难点是有关文章主旨而学生的能力难以达到,需要教师着重加以指导的地方;教学疑点是文章中有关主旨而又需要加以辨析的地方,这些关键内容是教师教学时重点分析的地方,需要精讲的地方。

(3)综合阶段

综合阶段是对课文的整体理解和把握,是在分析阶段的基础上进行的。一般而言,在中学语文阅读教学的综合阶段,以下两个教学任务要特别予以注意:

一是对文章的中心思想进行概括。这是对全文观点的综合性概括,需要在理解全文内容的基础上进行。概括中心思想时需要注意领悟文章的引申寓意和弦外之音。因为许多文章的观点都隐含在各种材料或观点中,没有直接说出来,需要我们对其进行抽象概括。

二是对文章的写作特点进行总结。一篇文章所运用的写作技巧总是多方面的,在分析阶段也会涉及,但每篇文章都有和它的特定内容相适应的最基本的写作方法,这就构成了写作特点。在综合分析阶段,要指导学生将内容和形式结合起来,从整体上把握全文的最基本的写作方法,以加深对文章的理解,并为读写结合创造条件。

3. 运用环节

中学语文阅读教学的运用环节属于阅读教学的拓展延伸阶段,主要作用是以文本为起点进行迁移训练,巩固知识,拓展思维,促进学习结果的保持和迁移。在这一阶段,教师需要特别做好以下两方面的工作:

第一,引导学生进行复习。复习主要是采用多种形式,强化或巩固对所学知识的理解与记忆,它是一种自觉地吸收与存储有用知识信息的活动。

第二,引导学生进行练习。练习是通过多种形式完成对知识的迁移与重建,促进知识向能力的转化。同时,练习也具有巩固知识的作用,但它的主要价值在于形成学生良好的思维和实践的能力与品质,包括创新精神与能力。

需要注意的是,复习与练习属于积极的阅读吸收、存贮、运用与创造活动,也是一个完整的阅读教学活动的最后阶段。同时,复习与练习有时合并进行,共同完成对知识的巩固与强化任务。

二、中学语文阅读教学过程设计的内容

在进行中学语文阅读教学过程设计时,应包括以下几方面的内容:

(一)中学语文阅读教学导入的设计

在进行中学语文阅读教学过程设计时,首要的一项内容便是教学导入的设计。

良好的中学语文阅读教学导入设计,能够激发学生的学习兴趣和动机,使学生愉快而主动地进入学习状态,为学生下一步的学习提供内在的动力;能够使学生把注意力迅速集中并指向特定的教学任务和程序之中,引导学生进入新的学习情境,为完成新的学习任务做好心理上的准备;能够激活学生的问题思维,引发学生对新内容、新问题的思考,激发他们探求新知,解决疑难的创新思维,为学习新内容、新知识做铺垫;能够使学生明确新课的学习目标,对新课的学习有所准备,产生学习期待,从而增强学习的效果。

此外，在进行中学语文阅读教学导入设计时，需要针对不同的教育对象，不同的内容，采取多样化的导入形式。就当前来说，常见的中学语文阅读教学导入设计形式主要有以下几种：

1. 创设情境式导入

创设情境式导入即教师根据教材特点，创设一定的情境，渲染课堂气氛，让学生置身于特定的情境中，深入体验教材内涵。一般而言，教师可借用语言、设备、环境、活动、音乐、图画等手段，创设一种符合教学需要的情境，使学生身临其境，感同身受，通过经验的联系激发学生的学习兴趣，诱发其探索性思维，使之处于积极的学习状态中，在潜移默化中受到教育，获得知识。

2. 设疑式导入

设疑式导入即教师在教学之始编拟一些必须学了新知识才能解决的问题，或针对某些内容故意制造悬念，从而引导学生产生求知的欲望，并设法寻求解决问题的方法。这样引入新课使教学内容添上一层神秘的色彩，诱导学生随时注意解开疑团，亦称"设疑迎新法"。

3. 温故知新式导入

温故知新式导入即教师温习以前某次课的主要内容，向学生抛出回顾型的学习任务，进而达到让其思考接下来学习目标的目的。温故知新式的导入可以通过学习旧知，引起学生的注意，诱发其探求新知的兴趣，使其集中注意力。

4. 案例式导入

这是通过在新课开始时选择与本课内容联系密切的案例导入新课的方法。生活中、社会上有许多与教学内容有关的感人故事、实例，如果教师能有效选择及利用，这样的导入能够很快抓住学生的好奇心，并将其转化为浓厚的学习兴趣，使学生的思维活跃起来。

5. 活动式导入

活动式导入即教师针对学生的年龄特点和争强好胜的心理，采用学

第四章 提高阅读能力：中学语文阅读教学设计

生活动(如游戏、竞赛等)的方式导入新课。活动式导课既可增加课堂趣味性，使学生积极主动地参与到活动中，又可增强学生对所学知识的理解，还可使学生对所学知识的掌握更加牢固。

6. 激发兴趣的导入

激发兴趣的导入即教师通过巧设悬念，讲述故事，利用时事热点问题等方式激发学生学习课文的兴趣，让学生从一开始就产生学习的兴趣，促使学生参与课堂活动的一种导课方法。

7. 类比式导入

类比式导入即指教师拿同类文章、观点或内容等与新授课联系类比的导课方法。这种由教师引导学生带着前人争论的观点去刨根问底，切入新课的佳妙做法，不但有助于学生披文入情、沿波讨源，自觉掌握知识，还能在教学过程中提高学生分析问题的能力，给学生以思维的启迪。

(二)中学语文阅读教学提问的设计

在中学语文阅读教学中，提问是经常会用到的一种方法。它是教师通过创设问题情境，运用提出的问题，以及对学生的回答做出反馈，促使学生产生学习愿望，了解他们的学习状态，使学生理解和掌握知识，发展能力并形成学习期待，从而有效提高课堂教学效果的教学方式。

良好的中学语文阅读教学提问设计，有助于把学生引入问题情境，并激发学生的学习兴趣，使其产生解决问题的自觉意向；有助于让学生积极参与问题的讨论，调动学生思维的积极性；有助于师生互动，即教师通过提问，能有效地将学生的注意力和思维集中在教学内容的学习中，达到师生共同促进教学过程和内容发展的效果，同时，通过提问，教师还可以及时了解学生的学习情况，激励他们积极参与教学，活跃课堂气氛，促进师生、同学之间的交流；有助于活跃课堂气氛，使学生的注意力得到较长时间的保持；有助于为学生创造口语表达的条件，增加学生的口语表达机会，继而有效培养学生的口语表达能力；有助于培养学生的创新意识，引导学生进行创新活动。

就当前来说，常见的中学语文阅读教学提问设计形式主要有以下几种：

1. 回忆型提问

这往往用以检测学生是否记住了所学知识。这类问题比较简单，要求学生对教师的提问进行迅速的记忆搜索，回答出教师要求记忆的内容。在教学过程中，根据教学情境，适时穿插回忆型提问，不但为新知识的学习扫除了障碍，降低了学生接受新知识的思维难度，同时把旧知识和新知识联系起来，加深了学生对新知识的印象。

2. 理解型提问

这通常用以检测学生理解概念和规律的程度，要求学生能用自己的语言对事实、研究内容等进行描述，对已学过的知识进行解释和重新组合，对学习材料进行内化处理，推断出结论或给出倾向性的建议等。理解型提问中，教师经常使用的关键词是：请你用自己的话叙述、阐述、比较、对照、解释等。学生通过对事实、概念、规则进行描述、比较、解释，探究其本质特征，从而达成对学习内容的更深入的理解。

3. 分析型提问

这是让学生通过分析思考，明确回答问题的根据和理由，识别问题的条件和结论或者找出条件之间，原因与结果之间的关系。分析型的提问为学生深入思考提供了机会，教师需运用恰当的提问方式促使学生去分析思考复杂的问题，在求异思维、直觉思维等创造性思维中求得答案。分析型提问反对给学生现成的知识和答案，而是为学生创设深入思考，探讨本质和发现的机会。这类提问有助于学生产生思考时的非平衡状态，帮助他们感知和思索他们所看到的、听到的和学到的是否是正确的，从而在分析和思考中获得认知和思维的发展。

4. 运用型提问

运用型提问就是教师提出运用性的问题，用以检查学生把所学概念、法则和原理等知识运用于新的问题情境中解决问题的提问方式。这

第四章 提高阅读能力：中学语文阅读教学设计

类提问要求学生将自己内化的信息外化,通过信息反馈和知识运用巩固所学知识。它不仅要求学生对已知信息进行归类分析,而且还要进行加工整理,综合考虑,达到透彻理解和系统掌握的效果。在运用型提问中,教师经常使用的关键词是:应用、运用、分类、分辨、选择、举例等。

5. 评价型提问

这是一种系统性的综合提问,要通过对认知结构中各类模式的分析、对照和比较,方可做出解释和解答。这是一种要求学生运用所学知识对观点、方法、资料等做出价值判断,评价他人观点,判断解决问题方法正误与优劣,提出新见解、新观点的一种提问方式,如要求学生就作者的观点、态度和作品中的人物、事件做出评价;对问题解决的不同方法,优选方法发表见解;还可以对有争议的问题提出自己的看法,即评价各种观点、思想方法等。这种提问要求学生对知识有更高一级的掌握。在评价型提问中,教师经常使用的关键词是:判断、评价、证明、你对……有什么看法等。评价型问题要求学生对事物的本质进行判断,对学生的综合能力要求较高,因此它在课堂中不宜频繁出现,它应是在一定数量的分析与综合讨论之后才更为有效,过早、过多地提出评价水平的问题,可能导致出现肤浅的、不成熟的判断,妨碍进一步的思考。

6. 综合型提问

综合型提问要求学生对已有材料进行分析、综合,进行独立思考,提出新见解、新观点,从分析中得出结论;或要求学生根据已有的事实推理想象可能的结论。这类提问一般是探索性问题,典型的问句一般有"可以从哪些不同的角度去思考?""还有什么不同的看法?"等。这类提问所追求的不是唯一的答案,而是鼓励学生产生或找出尽可能多的,尽可能新的,尽可能前所未有的独创性答案,培养学生分析问题和解决问题的能力。由于学生在面对综合型提问时往往需要较多的时间才能形成合适的答案,因而提过多的综合型问题将导致学生给出肤浅或纷乱的回答。同时,在教学实践中,当较多的低层次提问过后,适当提出一些综合型问题,能有效激活和促进学生的思维能力。因此,教师应根据教学需要,在提问层次上灵活变换。

这里需要特别指出的一点是,在进行中学语文阅读教学提问设计时,应尽可能设计多样化的提问方式,以便获得更好的教学效果。

(三)中学语文阅读教学学习活动的设计

阅读学习活动是指在教师指导下,学生在课堂上进行的形式和内容都很丰富的学习语言,习得技巧,发展智能,训练思维的语文实践活动。

良好的中学语文阅读教学学习活动的设计,能够促进学生学习的主动性,并使学生在学习活动中表现出浓厚的兴趣和强烈的学习热情;能够锻炼学生的协作能力,使学生在互相配合,互相协作中更好地完成学习活动;能够促进学生的竞争意识。中学语文阅读教学中的课堂学习活动,一般都是小组内需要合作,小组与小组之间则形成学习的竞争,这种竞争是小集体的竞争,有利于培养学生良好的竞争精神;能够培养学生的创造能力。中学语文阅读教学课堂上,学生的学习活动虽然是在教师指导下开展的,但活动的主体是学生,从活动的策划到活动的开展,再到活动的评议,都要充分发挥学生的能动性。学生在活动过程中能动脑思考,动手操作,亲身体验和探索,这样,学习活动才能真正成为培育学生实践能力和创造能力的良好环境。

就当前来说,常见的中学语文阅读教学学习活动设计形式主要有以下几种:

1. 课堂讨论

课堂讨论就是教师根据教学内容和学生的实际情况,适时地把学生认识不清,理解不深,但又是他们经过相互交流,互教互学能够解决的学习问题,组织全班或分小组进行讨论,然后获得共识的一种学习方式。它是一种建立在教学对话的基础上,并扩大了教学对话范围的教学方法,是教师与学生,学生与学生之间共同讨论、探究与解决问题,学生由此获得技能,发展能力与人格的教学方法。在对这一阅读学习活动进行设计时,以下几个方面要特别予以注意:

(1)要精心选择课堂讨论的主题

教学是有目的的活动。明确课堂讨论的目的,并根据目的选择讨论的问题,是讨论教学能否成功的关键。这需要教师认真钻研教材,了解学生,平时要注意积累教与学中存在的问题,以便提出针对性很强的问题供学生讨论。教师选题时应考虑:讨论的问题应是教学中的重点、难

第四章 提高阅读能力：中学语文阅读教学设计

点和关键问题，同时也是学生学习中存在不同看法的问题；讨论的问题是同学们共同存在的问题，或学生关注的热点问题，能够引起每一个同学的思索，使每一个学生都能在讨论中得到成长；选择难度适当的问题，问题的难易程度应以学生的认知水平为主要依据，使问题处于学生的"最近发展区"内，让学生既有讨论的价值，又让学生能够接受。

(2)选好课堂讨论的方式

在中学语文阅读教学中，教与学的活动和信息交流随机多变。我们要根据教学目标和教学内容的需要，学生的课堂心理和问题特点，精心设计讨论方式，讨论的方式主有师生讨论、两人讨论、小组讨论、全班讨论等。课堂讨论的形式和规模应以有利于相互启发，思想交锋，自我教育为原则。教师要根据自己的教学实际，灵活选择讨论的方式。同桌讨论的方式适合只要动动脑筋，相互启发就能得出结论的问题；小组讨论能够给予多数同学发言的机会，对于难度较小的问题，或课堂上突然碰到"冷场"，可采用这种方式；全班讨论方式一般是在解决重点与难点问题，或遇到争议的问题时，由教师提出来，然后大家即兴发表意见进行讨论。

(3)对课堂讨论进行精心组织

只有对课堂讨论进行精心组织，才能充分发挥每个学生的积极性，启发学生的多元思维。同时，在对课堂讨论进行精心组织时，教师要注意把握好讨论的节奏，并有效协调学生在观点上出现的矛盾。

(4)对课堂讨论的结果进行及时反馈与总结

在进行这一环节时，教师要注意对学生的见解给予分析，充分肯定正确的意见，以保护学生的积极性，又要做出科学的结论，从而使学生澄清模糊认识，树立正确概念，更有利于掌握好所学知识。

2. 角色扮演

角色扮演就是教师指导学生阅读理解文学作品时，要求学生扮演作品情景中的不同人物角色，并把在那一情景下可能发生的事情用语言和动作表达出来。在对这一阅读学习活动进行设计时，需要遵循下面的设计流程：

第一，对角色扮演的情境进行创设。这需要教师认真备课，巧妙营造表演情境，通过多种方法和渠道向学生展示问题情境，如讲述故事，阅读小说,播放电影或电视等。

第二,对角色进行分配。由于表演成败会对"观众"的情绪产生直接影响,也会对接下来的分析和讨论产生重要影响,因此,在开展角色扮演活动时,教师要做好角色的分配活动。

第三,对表演进行设计,即教师要指导学生依据课文内容,加以合理想象,编成剧本或哑剧、小品等,精心构思表演情节,合理设计人物形象、语言和行动等。

第四,进行课堂表演,即将设计好的表演形式和情节在课堂上进行表演。若是条件允许,可以对学生的表演进行录像。

第五,对课堂表演进行反思和评价,即分析表演的真实性与合理性。

3. 合作探究

合作探究就是学生在教师的指导下分小组研究学习材料,从中发现值得研究的专题性问题,然后围绕问题设计研究方案,开展合作研究活动(如收集、筛选、分析、归纳和整理相关资料),进而总结规律,形成创见,在班上交流学习所得的一种学习活动。其重在指导学生学习怎样解决问题,并培养学生的高级思维能力。具体到中学语文阅读教学来说,在进行合作探究性阅读设计时,需要遵循以下几个步骤:

第一,对合作探究性阅读的目标进行确定。合作探究性阅读是一种目的性非常明确的阅读活动,要求学生围绕阅读目的准确、快速、有效把握文章的相关信息,并广泛地联系相关信息,从中筛选、处理信息,以便实现阅读目的。

第二,对阅读课文进行初步感知,这是合作探究性阅读活动的准备阶段,能够为课文的深入探究奠定重要的基础。

第三,在阅读目的的引导下,通过初步感知课文,提出下一步需要研究的问题。

第四,引导学生围绕着问题独立自主地收集相关信息,并对收集到的信息进行分析、综合、提炼和重组。

第五,小组成员分工合作,共同研究问题。这对于阅读效能的提高具有重要的作用。

第六,小组成员选取代表向全班同学汇报研究成果,其他同学补充、反驳、完善,最后师生共同评价。

第四章 提高阅读能力：中学语文阅读教学设计

(四)中学语文阅读教学结课的设计

结课是教师用精练、准确的语言结束教学任务的方式,主要用于课堂教学的最后阶段。

良好的中学语文阅读教学结课设计,能够对课堂教学进行较为全面的总结与概括,理顺各个知识点之间的逻辑关系,并加强本次课教学内容的系统性和逻辑性,加深学生的理解;能够保持知识的整体性、系统性,并为下次课提供一个好的开端;能够激励学生课外研究的兴趣,激发学生课后学习的积极性、主动性;能够升华学生的认识,提升学生的情感;能够促进学生进行知识迁移,继而拓宽学生的视野和思维空间,促进学生自主地获取知识。

就当前来说,常见的中学语文阅读教学结课设计形式主要有以下几种：

1. 练习式结课

练习式结课就是师生以练习的方式进行结课的方法。具体来说就是在课堂结束时,通过让学生有目的、有条理地进行练习,运用所学知识解决相关问题。这种方式,既能加深学生对知识的理解、记忆,又能培养学生运用知识解决问题的能力。在进行练习式结课设计时,要特别注意对练习的目的进行明确,即通过学生练习,加深学生对知识、能力、情感的认识与体验,促进学生全面发展;设计多样化的联系方式,如做练习题、小测验、游戏等;做好练习的反馈活动,以真正让学生明白自己掌握了哪些知识,哪些知识还有待进一步理解,为下一步的教学打下基础。

2. 拓展式结课

拓展式结课就是课文学习完结后,教师不是马上结束教学,而是根据课文的思想内容和人物线索,为学生介绍与课文内容密切相关的课外知识、阅读材料及探究问题等,引导学生由课内阅读向课外学习延伸、拓展,使之成为第二课堂的纽带。这样,课堂教学就成为语文学习的加油站、中转站,语文学习就可以打破教室空间界限、课堂时间界限、教材素材界限,真正做到课内扬起语文学习的风帆,课外畅游语文学习的海洋。在进行拓展式结课设计时,要特别注意必须与教学内容有关联,是对课堂学习内容的补充和完善；能激发学生的好奇心和探究兴趣；能给学生带来更多的知识和联想；能帮助学生学会学习，学会思考等。

3. 总述式结课

总述式结课就是师生以总述的方式进行结课的方法。学生对新知识的学习往往是从感性到理性，从隐性到显性。一堂课结束后，学生往往能意识到自己学到了很多知识，但由于课堂时间短，新知识离现实生活较远或与自己的语言表达方式有差异等原因，学生很难自己建立起清晰的知识框架，难以娴熟、优美地表达出所获得的知识。这就需要教师或优秀学生利用自己清晰的知识框架与优美的语言对教学内容进行总结，帮助学生建立起本次课的知识体系，并积极与学生原有的知识进行相互作用，使之形成新的认知结构。在进行总述式结课设计时，要特别注意明确总述主体的多元性，既可以是教师，也可以是学生，还可以是师生共同进行；设计好总述语言，要条理清楚，语言优美，情感丰富，内容简练；对总述进行一定的扩展，而不是局限于课堂教学内容。

(五)中学语文阅读教学作业的设计

作业作为一种检测学生是否达成学习目标的重要手段，被教师广泛运用于课堂评价。

良好的中学语文阅读教学作业设计，要意图明确清晰，突出典型性、启发性和系统性，以达到举一反三、事半功倍的效果；要实施分层作业，调控作业难度，促进差异发展，以便每个学生都能在适合自己的作业中有所收获；要丰富作业形式，突出多样性、趣味性，以便学生能够在充满智力挑战的愉悦环境中完成学习任务；要注重过程，体现自主、合作与探究，以便在激发学生学习兴趣的同时，培养学生的探索精神和创新能力；要与学生的实际及生活相结合，突出实践性、开放性，从而真正让作业从书本回到生活。

就当前来说，常见的中学语文阅读教学作业设计形式主要有以下几种：

1. 记忆性练习

这种练习形式有利于学生积累丰富的语文信息，形成完整的知识网

第四章 提高阅读能力：中学语文阅读教学设计

络，养成良好的语文习惯，提高自己的语文素养。但是，这种练习形式是机械的、僵化的，很容易导致学生产生厌学情绪。因此，在设计记忆性练习时，必须要选择好练习的知识与方式。

2. 实践性练习

这种练习形式有利于提高学生的语文综合素养和实践能力。在设计实践性练习时，必须要选择好实践练习的主题，把握好实践练习的形式。

3. 探究性练习

这是一种引导学生在探讨一些疑难问题的基础上，提出自己的看法，并有所发现和创新的练习方式。在设计探索性练习时，必须要设计好练习的主题。

4. 理解性练习

语文练习理解可以分为三个层次，即基础层级的理解，指学生拿到文本、练习题或接触句段，即刻就能产生的理解，这种理解主要凭直感，缺少深刻性，容易望文生义，穿凿附会；中间层级的理解，即学生拿到文本、练习题或接触句段，并不能马上进行理解，而是要经过分析的阶段，才能做出解释；高级层级的理解，即学生必须通过归纳演绎等手段，结合丰富的想象和联想，通过对上下文甚至其他文本的比较，才能把握问题，给出答案。因此，在设计理解性练习时，必须要既包括低水平的简单理解，又包括高水平的复杂理解。

5. 鉴赏性练习

这是一种以识记、理解和分析综合为基础，以表达为主要方式的练习，是对语文知识和语文能力的综合运用。在设计鉴赏性练习时，必须要充分考虑学生的鉴赏水平。

三、中学语文阅读教学过程设计的注意事项

在进行中学语文阅读教学过程设计时，特别需要注意的一个事项便

是对中学语文阅读教学过程进行优化。对中学语文阅读教学过程进行优化,旨在进一步解决中学语文阅读教学中出现的问题,提高中学语文阅读教学的效果。具体来说,在进行中学语文阅读教学过程优化时,可从以下几个途径着手:

(一)提高教师的教学过程优化意识

提高教师的教学过程优化意识,是进行中学语文阅读教学过程优化的一个重要前提。具体来说,可通过以下几个方式来提高教师的教学过程优化意识:

第一,学校要积极引导教师将"优化教法过程设计"作为自己进行教学设计的先导理念。

第二,学校要将优化教学过程当作一项重要的教学工作来抓,以便教师能真正将优化意识落实到教学工作之中。

第三,学校要积极创造条件,使教师的教学过程优化能够在课堂教学中得到充分体现。

(二)明确教学过程优化的标准

明确教学过程优化的标准,为的是使教师知道怎样才算是实现了教学过程设计的优化。一般而言,在明确教学过程优化的标准时,要充分考虑到在一个学期里,本班的语文教学要取得哪些成效,其中,不同学习基础的各类学生各要达到哪些要求,也就是说,要保证各类学生都学有所得。

(三)有效优化课堂教学的结构

优化课堂教学的结构对于整个教学过程的优化具有十分重要的作用。所谓课堂教学结构的优化,就是教师根据本班本课、此时此地的实际需要,对课堂各个环节恰如其分地进行排列组合,即安排几个环节,多少步骤,这些环节及步骤的序列孰先孰后,时间孰长孰短,每个环节及各个步骤各采用何种方法,教学哪些内容,达到什么要求。

第五章 提高口语表达能力:中学语文口语交际教学设计

口语交际指的是"人们运用连贯标准的有声语言和无声语言交流思想,传递信息,表情达意的社会活动"①。对于人们来说,要想顺利、有效地与他人进行交流与沟通,必须要具备良好的口语交际能力。因此,重视口语交际教学已成为世界上所有学校教学过程中的一项重要内容。这就要求中学在开展语文教学的过程中,也要高度重视口语交际教学,做好口语交际教学的设计,以有效提高学生的口语交际素养,使其更好地满足未来对高素质人才的需要。

第一节 中学语文口语交际教学的意义与原则

一、中学语文口语交际教学的意义

(一)有利于提升学生的能力

进行口语交际教学有利于学生学会生存。在日常生活和学习中,听与说的使用频率是极高的,相关统计结果显示,听占45%,说占30%,读占16%,而写仅占9%。在国外,口语交际能力的培养一直受到社会的

---

① 宋祥.中学语文课程与教学论[M].长春:东北师范大学出版社,2014:157.

高度重视,就说话而言,从古代的埃及、巴比伦、希腊、罗马,到现在的欧美各国,一再把"讲演"作为一门重要的学问来看待。据有关资料介绍,美国在第二次世界大战时把原子、金钱、演讲列为三大战略武器。今天,他们仍把舌头、美元、电脑当作最重要的战略武器。把说话能力列在战略高度的首位,其重视程度便可想而知了。

今天,人类社会又发展到了高社交化、高效率化、高信息化的时代,我们的青少年正在面临现代化社会生活的严峻挑战,如果我们的语文教学只重视培养学生的读写能力而不重视提高学生的口语交际能力,那么,学生在现代社会交往中很可能处于劣势。

(二)有利于开发学生的智力

培养学生良好的口语交际能力是开发他们智力的强有力手段。作为口语交际中的两种基本活动,听与说都是十分复杂的生理和心理活动过程。听话人凭借听觉分析器接收到有声信息,并通过思维加以理解、筛选、强化,因此,听说时需将说话者的外部语言(有声语言)迅速转化成自己的内部语言(思维),才能实现"听知"。听的活动往往是瞬时的,因而要求听话者具有快速的语言编码能力,准确使用概念的能力,严密的判断推理能力,丰富的想象能力等。可见这是一个十分紧张的心理过程。

人们普遍承认,语言的准确性体现了思维的敏捷性和周密性,语言的条理性体现了思维的明确性和连贯性,语言的流畅性体现了思维的逻辑性和严谨性,语言的生动性体现了思维的灵活性和形象性。因此,加强口语交际教学,可以十分有效地锻炼学生敏锐的观察力,专一的注意力,快速的记忆力,敏捷的反应力和丰富的联想力、想象力。

(三)有利于培养学生良好的媒体素养

在网络媒体迅猛发展的今天,中学语文口语交际教学逐渐开始注重口语交际训练与信息技术的整合,并强调学生通过提取网络中有价值的信息,通过培养学生的新媒体素养来提升自身的口语交际能力。距离模糊化,对象疏离化是信息时代沟通交流的主要特点,在学生性格养成和道德培养的关键时期就必须使口语交际教学推进得行之有效,因此,口语交际教学也决定着学生良好媒体素养的获得。

第五章　提高口语表达能力：中学语文口语交际教学设计

二、中学语文口语交际教学的原则

中学语文口语交际教学的原则，具体来说有以下几个：

(一)针对性原则

针对性原则指的是在开展中学语文口语交际教学时，要确保教学内容切合学生的学习、生活和今后的社会交际实际，切实促进学生口语交际能力的发展。

(二)循序渐进原则

循序渐进原则指的是在开展中学语文口语交际教学的过程中，要特别注意以下几个方面：

第一，在开展口语交际教学时，必须遵循从易到难，从基本到综合，从一般到特殊的规律，循序进行，即教学的过程要呈梯度渐进。

第二，在开展口语交际教学时，必须注意不断加大教学内容的难度。

第三，在开展口语交际教学时，必须注意不断增强教学方法的复杂性与综合性。

(三)互动性原则

口语交际是通过人与人的互动来实现的，因此在开展中学语文口语交际教学时，必须遵循互动性原则，注重培养学生的互动意识。

(四)综合性原则

口语交际能力是语文基本能力的一个重要方面，它和语文其他能力是相互渗透、协调发展的。因此，在开展中学语文口语交际教学时，必须遵循综合性原则，具体可从以下几方面着手：

1. 不断加强说与听、读、写之间的联系

听、说、读、写之间有着相互促进又相互制约的关系，其中，听的能力越强，便能够获得更为丰富和广泛的说话材料，继而更好地对口语交际中传达的意思进行理解,更丰富、准确地进行口语表达;读能够使学生在积累语言,获得语法知识的同时,掌握一些生动的说话范例,这对于增强说话的生动性、形象性具有重要的作用;写是一种有着极强的条理性与严密性的活动,既能够对说话中常会出现的语病进行纠正,也能够帮助说话人不断提高说话的质量。因此,在中学语文口语交际教学中,通过增强听、读、写的训练,能够有效提高学生的口语交际能力。

2. 不断加强口语交际训练与观察、思维、想象训练的联系

观察、思维、想象能力的提高,对于学生口语交际能力的提高也有重要的作用。具体来看,观察是学生认识客观事物,获取感性材料的一个重要途径,学生只有认真、细致地观察,才能全面掌握事物的特点及其与相关事物的联系,继而在描述事物时能够将内容说准确、完整、具体;口语与思维的发展可以说是同步的,思维敏捷,逻辑性强,说话时才能语言顺畅,并确保说话的内容具有条理性;想象能力的提高,既能够使学生有话可说,又能够帮助学生把内容说得生动有趣。

3. 利用语文教学的各个环节有意识地培养学生的口语表达能力

利用中学语文教学的各个环节有意识地开展口语交际教学,对于学生口语交际能力的提高也有重要的促进作用。比如,在课前说话活动中,要鼓励学生以自己平日的见闻感受为主要内容进行讲话,从而使学生的口语交际能力得到迅速提高,真正实现口语交际教学的目的。

(五)实践性原则

口语交际是一项实践性很强的活动,因此在开展中学语文口语交际教学时必须遵循实践性原则。也就是说,在开展中学语文口语交际教学时,要安排大量时间,创设具体的交际情境,并要教会学生如何根据交际目的、场合和对象来进行恰当、有效的交际,指导学生在实践中成功地实现交际意图,促使每名学生的口语表达能力都能得到全面的发展。

(六)情境性原则

一定的情境是学生增强生活体验,激发思维与口语表达能力的环境

条件和动力。因此,在开展中学语文口语交际教学时,情境性原则也是必须要遵循的一个重要原则。为此,中学语文教师在口语交际教学过程中要特别注意以下两个方面:

第一,在开展中学语文口语交际教学时,中学语文教师要尽可能为学生营造接近生活实际的交际环境,以便学生能够在有效捕捉说话内容的基础上,更准确、生动地进行表达。

第二,在开展中学语文口语交际教学时,中学语文教师要注意激发学生的表演欲望,并指导学生有效参与到交际的角色表演之中,继而促使学生的口语表达能力得到有效提高。

第二节 中学语文口语交际教学的特点与任务

一、中学语文口语交际教学的特点

口语交际是言语交际的一部分,它与言语交际的另一个部分——书面语交际一样,都在我们的生活中发挥着重要的作用,是人类传情达意和诠释信息的基本活动。由于发生机制、存在条件、使用范围等的不同,口语交际教学表现出自身的一些特点,主要有以下几点:

(一)互动性

互动性是口语交际最显著的特征,《义务教育语文课程标准(2011年版)》指出:"口语交际是听与说双方的互动过程。"它指明"双方互动"是口语交际的主要特点,只有交际双方处于互动的状态,才是真正意义上的口语交际。口语交际教学,是课堂教学中师生之间,生生之间的双向互动实践,交际双方或几方在一定的背景情境中自由地相互交流思想、观点,交际的内容随对方的谈话逐渐深入,最终达到了解他人,沟通思想,增进友谊,共同协作的目的。

(二)实效性

口语交际教学注重联系生活实际,因此具有极强的实效性。在口语交际教学过程中,当面交流是使用最多的交际方式,教师与学生的交流更接近于日常生活中的对话,教师充分的准备可以让口语交际教学发挥最大的实用价值。

(三)技巧性

语文教师应具备高超的口语交际技巧,如恰当的待人处事方式,礼貌的举止谈吐,恰当的临场应变能力和合适的表情达意技巧等,只有在口语交际教学和训练当中不断渗透这些能力和素养,才能促进口语交际教学的发展。

(四)实践性

口语交际教学并不像书面读写教学那样能接触更多的理论知识,它是一种技巧性很强的实践活动,人们要想掌握它,运用它,只有经过实践的训练才能成功。因此,中学口语交际教学忌光讲不练或过分强调理论而忽视技能实践的做法。这就要求在口语交际教学中把"练"贯穿于整个教学的各个环节之中。

(五)提高性

提高性是口语交际教学的又一特点。中学生进行口语交际训练并不像学习其他知识那样几乎是从零开始,然后循序渐进地进行。中学生已经拥有了较多的口语交际经验,具备了足以应付一般生活需要的口语交际能力,因此,中学阶段的口语交际教学,是在学生原有基础上的进一步提高、规范和发展。忽视学生原有的经验积累和能力基础,硬搞那些"从无到有"式的教学,是忽视学生口语交际能力发展的条件和违背口语交际能力训练的规律的。口语交际教学又是一种思维强度极高的活动,它对人的潜能的深入发展,对人的素质的全面培养具有十分明显的作用。具体而言,口语交际教学提高性的特点主要表现在以下两方面:

第一,提高学生的智力水平。现代社会的高效率化,不仅要求听话

第五章 提高口语表达能力：中学语文口语交际教学设计

者必须具有敏锐的听话反应力，快速的听话接收力和品评话语的能力，还要求说话者思维敏捷，反应快捷，知识渊博，语脉清楚，能言善辩。同时，口头言语具有一闪即逝的特点，话一出口就成了不容更改的现实，声音也随着消失，它不像书面语那样可再三斟酌，反复修改或反复领悟。所以，它对智力品质的要求更高、更严。口语交际活动是双向互动的动态过程，因此进行这种教学，可以使学生不断修正、完善自己的思维内容和思维方式，在听说过程中集中注意，深入思考，展开联想，培养创造性思维。

第二，提高学生口头表达的能力。口头语言比书面语言更加灵活、简便、自然（短句、省略句、易位句较多，有时还可以重复、补充等），它可借助语言环境，语音、语气、语调轻重，间歇的变化和表情、手势等多种手段表达思想感情，有利于发挥声音的特长，使说话者的意图和观点可以比书面语言表达得更加清楚，更加明白。通过口语交际训练，有助于提高学生的口头言语能力。

（六）随机性

口语交际在生活中有着广泛的应用，表现出随机性特点，具体表现在以下两方面：

第一，课堂教学中的随机性。众所皆知，语文的课堂教学常常是在口语交际活动中进行的，教师输出的信息，学生要靠耳朵来接收；学生在学习中的反馈，往往要靠口头去表达。因此，有经验的教师总是十分重视"教学双边活动"这一规律，随机地、巧妙地组织口语交际。实践证明，往往是这种有目的而又不经意的语文教学活动，更能使学生感兴趣，学习的效率更高。

第二，社会生活中的随机性。口语交际教学作为一种社会生活技能、技巧的教学，它是无处不在，无时不有的。这里不仅仅指平时的课堂教学、课外活动，也包括广泛的社会实践活动。日常生活、工作、文体活动等都能与口语交际技能的教学密切结合起来，而且人们普遍认为这种结合更具有实用性，内容更为丰富多彩，形式更为生动活泼，更能激起学生的浓厚兴趣和参加欲望，因而收效也会更大。教师应该充分利用各种机会，各种形式，扎扎实实、生动活泼地把口语交际教学开展起来。

二、中学语文口语交际教学的任务

在口语交际中,听是信息输入,是将外部语言转化为内部语言的过程;说是信息输出,是将内部语言转化为外部语言的过程,因此两者是有区别的。下面为了方便,将听与说分别进行阐述:

(一)口语交际态度和习惯的培养

1. 听话态度和习惯的培养

(1)听话态度的培养

听话态度的培养主要应做到以下两方面:

第一,要谦虚。听话时要礼貌待人,尊重他人的劳动成果。对方说话,就是将其思考的过程和结果用言语传递出来,这是需要经过一番复杂的脑力劳动的。只有从心里尊敬对方,珍惜别人的劳动,才能听得进对方的话。同时要认识到听别人说话是一种最直接的学习行为,是接收信息,增长知识的捷径。

第二,要积极。听话要善于使用大脑。谦虚地听话并不等于被动地接受,听话时大脑也不能只起"录音机"的作用,应把大脑当作"检测器",要自觉地用客观标准去评判对方的话语,或者用自己的见解与之比较,寻找差异,还可以推测对方将会说些什么。同时要善于配合和支持对方。当说话者言语中断,但还要继续说下去时,应采取谅解和鼓励的态度。

(2)听话习惯的培养

听话习惯的培养应做到以下几点:

第一,养成琢磨、推敲的习惯。听别人讲话,要全神贯注,尽力抓住对方表达主旨的关键词语和句子;如果这类词句一下子找不准,就得仔细琢磨一些重要的话语,并反复地推敲。这样,才能把握其主旨。养成这种琢磨、推敲的习惯,才算具备了听的一般能力。

第二,养成辨是非的习惯。听别人说话,与别人聊天,碰到的是非问题较多,特别是在随意交谈时,更会暴露出许多模糊的甚至是错误的认识。如果听的时候不动脑筋或头脑不冷静,感情用事,就会轻易附和,颠

第五章　提高口语表达能力：中学语文口语交际教学设计

倒是非，以讹传讹。因此要把听话的过程当作过滤思想的过程：一边听，一边辨别真假、善恶、美丑。要多一些冷静的思考，少一些轻信；多想些为什么，少一些苟同。养成了这种明辨是非的习惯，认识能力也就能有所提高。

第三，养成理要点，记要点的习惯。有的人讲话条理清晰，有的人讲话可能会颠三倒四，后者就要求听话人在听的时候要努力捕捉其要点，稍有疏忽，就有可能造成遗漏或误解。所以，听别人讲话，应养成理要点，记要点的习惯，这样做不仅可以全面、正确地理解别人的意思，防止断章取义、挂一漏万，而且可以加速双方的思想交流和信息交流，提高学习和工作的效率。

第四，养成虚心倾听的习惯。听别人讲话，与别人交谈，也要虚心谦和，应该以渴求知识的态度向别人学习，在聆听中养成自我对照的习惯，一边听别人讲话，一边找自己的不足。只有养成这种虚心倾听别人讲话的习惯，才能受用终身。这其实也是一种有教养的表现，如果听别人讲话时心不在焉、不以为然，甚至不时打断别人的话，不仅没有礼貌，而且也失去了向别人学习的良好机会。

第五，养成耐心、细心的习惯。不管别人的讲话是言简意赅还是冗长啰唆，是条理清楚还是颠三倒四，是生动传神还是平淡无味，是浅显易懂还是晦涩艰深，我们都应该耐心地听，即使是细节，也不轻易放过。是叙述性的，要弄清时间、地点及事情的起因、经过和结果；是议论性的，要弄清观点、依据和结论；是说明性的，要弄清性质、特点、原理、方法和注意事项。听别人讲话时不耐烦甚至开小差，做小动作，是一种不良习惯。

第六，养成品评的习惯。听别人讲话，是一种难得的学习机会，听的时候应做热情求知，品评语言，虚心求教的有心人。要从聆听中学知识，明道理，还要养成品评的习惯，体会语言的滋味，增强自己的感知能力。无论是精辟的、典雅的、朴实的还是通俗的语言，只要我们养成揣摩、体味的习惯，就可以从中学到许多有用的东西，并逐步内化为自己的能力。

2. 说话态度和习惯的培养

(1)说话态度的培养

对中学生来说，说话态度的培养主要在于诚实，有礼貌，在积极、主动与自信及谦虚好学与勤于反思等方面，具体应做到以下几点：

第一,说话应有积极性、主动性与自信心。中学生当众讲话最大的不适表现为紧张、胆怯。造成这种现象的原因主要有以下两个:一是心理上不想说或不敢说。中学生由于年龄增长开始发育,导致大部分人不愿意在公众场合说话,既害怕说得不好而在同学尤其是异性面前丢脸,又害怕说得太多而被人误认为"好出风头",干脆"少说为佳"或"沉默是金"。二是思想上不重视。有的学生认为只要不是哑巴都会说话,无师可自通,没有什么可练的;有的则认为语文考试只考笔头不考口头,练不练说话没有关系。针对上述情况,教师要花大力气培养学生健康的发表欲,帮助他们克服自卑、畏难的心理障碍,培养他们当众讲话的胆量和勇气,使他们想讲话,敢讲话,好讲话,讲好话。

第二,说话应谦虚好学、勤于反思。学习说话,不断提高自己的说话能力是一辈子的事,即使是说话能力较强的人,也要不间断地学习和提高,才能使自己的口头表达更臻完美。在中学阶段,应引导学生从以下两方面入手:一是要善于发现别人说话的各种长处,善于博采众长,丰富自己;二是要善于发现自己讲话的毛病、弱点,对症下药,力求不断完善、提高自己的说话能力。

(2)说话习惯的培养

培养良好的说话习惯应做到以下几点:

第一,养成勇敢、真实表达的习惯。言为心声,无论是从道德评价的角度看,还是从说话训练的要求来说,说谎的习惯是绝对要不得的。中学生要学会在各种不同场合敢于大胆地发表见解,养成有什么说什么的好习惯,克服该说不说、想说不敢说或撒谎、说话含混等不良习惯。

第二,养成大方、清晰表达的习惯。无论是个别交谈还是在大庭广众之中发言,态度都要落落大方,吐字要清清楚楚,姿态要沉稳庄重,语调要抑扬顿挫,语气要自然流畅,声音要适度中听。切不可说话时不敢抬头看人,身子站得歪歪斜斜,说话说得吞吞吐吐,声音小得叫人听起来费劲儿。

第三,养成流畅、规范表达的习惯。要养成说话流畅、自然、合规的习惯,还要注意用词要推敲,句式要选择,顺序要合理。这样,口头表达的水平提高了,也会促进书面语言能力的提高。要教育学生不要养成讲话嘟嘟囔囔或滥用"这个""那个"之类的口头禅等不良习惯。

第四,养成得体、有针对表达的习惯。俗话说,"进什么山唱什么歌,见什么人说什么话"。不同的场合有不同的听话对象,要求说话者的语

第五章　提高口语表达能力：中学语文口语交际教学设计

气、用词、态度等都应不同。那种不看对象，不察场合，不分长幼，"千人一面、万部一腔"或乱说一气的坏习惯是要闹笑话甚至坏事的。所以，教师要帮助学生养成分析语言环境，区别说话对象的习惯，力求说话得体，讲究分寸，讲求效果。

第五，养成连贯表达、中心明确的习惯。清晰、明白、正确、得体地说上一两句话是不难做到的，如要一气呵成地进行一次发言、演讲，难度就大得多了。因此，教师要培养学生在发言前养成打腹稿的习惯，先说什么，后说什么，列好提纲，打好腹稿，这样说起话来才会有条有理，中心突出，层次分明，明白晓畅。

第六，养成全面而重点突出的习惯。训练说话习惯，其实本质也是训练思维习惯，训练对具体情况做具体分析的习惯。只有全面辩证地看问题，说话时才能克服片面性。因此，要引导学生养成说话前先列出要点，把握要点的习惯，然后再训练他们按重点、要点侃侃而谈的能力。只有这样，学生说话时的思路才是通畅的，思维才是有条理的，说出来的话才是有板有眼的。

（二）口语交际技巧的训练

引导学生掌握口语交际技巧对于提升学生的口语交际能力有着重要的作用，因此，口语交际技巧的训练是口语交际教学的一项重要任务。下面从听话和说话两方面入手，对口语交际技巧的训练进行具体分析：

1. 听话技巧的训练

听话能力是人对有声语言的感知和理解能力，不仅仅是指听力（听辨力），它往往包含着复杂的智力活动，与听者的知识水平、智力素质、生活阅历、为人修养等有着密切联系。因此，听话能力不是天生的，而有赖于后天的培养和训练。一般认为，要提高中学生的听话能力，应对他们进行听话的技巧训练，具体应做到以下几点：

（1）听知注意力的训练

对听知注意力的训练是听知能力训练的首要部分，其中主要包括两点：一是注意力的稳定性，即持久、专注地听人说话，不分心；二是注意的分配，即在同一时间内把注意力分配到几个不同方面，如边听边思考，边听边记笔记等。

(2)听知辨析力的训练

会分辨话语的语调、节奏、重音、停顿等,这是衡量人能否听懂别人说话的最起码的能力。

(3)听知记忆力的训练

听知记忆力的训练是语音信息的输入、编码、储存、提取的过程,是理解话语的基础。

(4)听知理解力的训练

听知理解力的训练主要指听人讲话时能把握其要点,概括其内容,领悟其本意,尤其是听出弦外之音、言下之意的能力,这是形成听知能力的核心。

(5)听知筛选力的训练

听知筛选力的训练即对接收到的语言信息进行去伪存真,去粗取精,归纳整理,把握要点,理清逻辑的综合处理的训练。这是衡量听知能力高低的重要因素。

(6)听知品评力的训练

听知品评力的训练要求能对别人的话及时、准确地进行判断并做出评价,进一步达到明是非,辨美丑,分高下,评优劣等目的。这属于听知能力的高层次范畴。

(7)听知想象力的训练

听知想象力的训练要求听话时边听边联想、想象,还要进行大胆的推测,以培养思维的广度和灵敏度,培养创新意识。这也属于听知能力的高层次范畴。

2. 说话技巧的训练

说话能力是一种综合能力。一个人的知识储备、文化素养、思想品德涵养、个性心理特征及观察、记忆、思维、联想、想象力等,都会对人的说话能力产生深刻的影响。说话能力也不是天生的,同样要靠后天的刻苦训练。说话技巧训练应从以下几点入手:

(1)组织内部语言技巧的训练

人们说话之前首先要在内心进行酝酿。要想把话说得系统、连贯,不仅要"先想后说",说的时候还要不断思索、调节。日常交谈也往往是"边想边说"。这"想",就是内部语言,它产生于大脑神经中枢,所有的信

第五章 提高口语表达能力：中学语文口语交际教学设计

息都要经过它的筛选、分析、综合、推理、联想。内部语言是瞬间形成的，往往来不及对它做完整的构思和仔细的推敲，它常以一种意思的轮廓、框架、信息点、语言点和它们之间形成的线性意向系统的形式在脑中浮现。因此，对中学生组织内部语言能力的训练，实质上就是思维能力的训练。这种训练要强调两点，一是思维的敏捷性，二是思维的广度和周密度。

（2）快速的语言编码技巧的训练

人们说话时将内部语言转换为外部语言，就是迅速将"意思"扩展开来，将按一定语法规则编码组成的语流"喷涌"。这种扩展和编码是快速的，是大脑神经中枢及言语控制中心高速运转，迅速编制而成的。当然，要将内部语言顺利地转换为外部语言，需要两个条件：一是说话者要有较丰富的词汇储备，否则编码时就会因一时找不到合适的词而"卡壳"或因词不达意而"表错情"。二是要谙熟语法规则，否则编码出的语流会因不符合语法规则而让别人"丈二和尚摸不着头脑"。因此，要培养中学生的快速编码能力，除了丰富他们的词汇，使他们谙熟语法规则，掌握多种句式变化外，还应让他们学习如何快速选词、组句，根据语境特点与听话人的反馈及时调节说话内容与方式，以及说话时上下联系、左右勾连、前后呼应等。

（3）运用语言表情达意技巧的训练

有声语言以声波形式将语音传送到听话人的耳鼓，构成言语交际。在这个过程中，语音是极重要的，因为如果发音不准，吐字不清，语调平平，语速不匀，声音过小（或过大），音质不佳，就会影响到说话者的表情达意，使听话人听不清，听不懂。为此，在中学阶段就要抓好以下方面：坚持使用普通话，说好普通话；吐字发音准确、清晰；掌握一些科学发音知识，懂得一些气息控制和调整的知识；掌握重音、停顿、语调、语速、语流的控制技巧；等等。

（4）提高语音的控制能力的训练

要不断提升学生大脑语言中心对语音的控制能力，如大脑指令发这个音，发音器官就准确地发这个音而绝对不会发出另一个音。说话者还应根据说话内容、场景及听话对象的不同，随时调节语言节奏，对音高、音强、音长、音色等都要有较强的控制能力。这种控制能力是说话中语音质量的保证，它能帮助我们克服和纠正语病，纠正说话中的不良习惯，不断提高说话水平。

第三节 中学语文口语交际教学的方法

中学语文口语交际教学的方法,大致来说可以细分为以下两类:

一、培养倾听能力的方法

在中学语文口语交际教学时,要有效培养学生的倾听能力,可借助于以下几种有效的方法:

(一)聆听训练法

所谓聆听训练法,就是训练学生耐心专注地倾听说话人话语的一种方法,对于学生养成良好的倾听习惯有着重要的作用。中学语文教师在运用这一方法来培养学生的倾听能力时,需切实做好以下几方面的工作:

第一,中学语文教师不论是在课前还是在课中,都要重视培养学生的注意力。若发现学生有分心走神的现象,可通过提高声音,进行提问,中断讲课等方式再唤醒学生的注意力。

第二,中学语文教师要注意通过向学生介绍导师、名人闹中取静以锻炼自己注意力的故事,来训练学生闹中求静的本领。

第三,中学语文教师要注意训练学生对自己的注意力进行调整与分配,以便在倾听别人说话时不被那些与话题无关的插科打诨所吸引,集中精力捕捉那些最具信息价值的话语。

(二)听写训练法

所谓听写训练法,就是训练学生把听读的材料逐字逐句准确地记写下来,或是训练学生在听读后按规定要求写感想、评论、说明、简介、提要等的方法。这也是有效提高学生倾听能力的一种方法。中学语文教师在运用这一方法来培养学生的倾听能力时,可以借助于以下几种有效的

第五章　提高口语表达能力：中学语文口语交际教学设计

形式：

第一，中学语文教师可以采用记忆性听写的形式来对学生进行听写训练，即先让学生认真反复地多听几遍，再要求学生把所听到的内容写出来，最后让学生交流自己是怎么记的。

第二，中学语文教师可以采用记录性听写的形式来对学生进行听写训练，即教师发音或播放录音，让学生边听边写，以检验学生是否听得准确，写得正确。

第三，中学语文教师可以采用选择性听写的形式来对学生进行听写训练，即教师读一些具有同音、近音、形近和同义等现象的字词，让学生选择正确的进行书写。

第四，中学语文教师可以采用联想性听写的形式来对学生进行听写训练，即让学生听一段话或一段录音后，展开联想，运用扩散思维完成教师布置的听写练习，这对于学生创造性思维能力的培养也有重要的作用。

第五，中学语文教师可以采用辨析性听写的形式来对学生进行听写训练，即教师在听写的内容里有意识地安排一些错误，训练学生的听辨能力，以帮助学生的语感变得更为敏锐。

第六，中学语文教师可以采用概括性听写的形式来对学生进行听写训练，即让学生在听句子、段落或是一篇短文后直接概括内容大意或中心思想。

第七，中学语文教师可以采用整理性听写的形式来对学生进行听写训练，即让学生在听句子、段落或是一篇短文后，找出事物或现象的内在联系，获得比较正确的认识。这对于学生逻辑思维能力的提高也有重要的作用。

（三）听记训练法

所谓听记训练法，就是训练学生把听到的信息运用文字符号迅速地记录下来的方法。这种训练法对学生倾听能力的提高也有重要的作用。

一般来说，听记包括识记（识别和记住事物）、保持（巩固已经获得的经验知识）和再认（再现过去的经验）三个环节；包括瞬时记忆、短时记忆和长时记忆三种类型。此外，在运用这种方法对学生的倾听能力进行培养时，可以先让学生听读句子、句群、语段，听说新闻片断，记录原文，再逐步过渡到听读整篇文章,听说整个事件,记录纲目、要点乃至全文或追记等。

(四)听辨训练法

所谓听辨训练法,就是让学生对听话材料或听到的话语进行思考、辨析,从而得出正确判断的方法。中学语文教师在运用这种方法来提高学生的倾听能力时,可以借助于以下几种有效的形式:

第一,辨正误,即让学生分辨听力材料的正确与错误之处。

第二,辨音异,即让学生辨识讲话中的音节、声调、语调等有关声音方面的一些差异。

第三,辨异同,即让学生找出听力材料中的相同点和相异点。

第四,辨美丑,即让学生对听力材料的思想内容、艺术形式等做出美学评论。

第五,辨类别,即让学生根据听力材料中提示的类别特征,辨别同属一类的材料。

需要注意的,听辨训练是听力训练中难度较大的一种训练,因此中学语文教师运用这种形式来提高学生的倾听能力时,要注意加强指导,并要从学生的知识水平和理解能力出发,合理安排,难易适度,以便训练取得良好的成效。

(五)听说训练法

所谓听说训练法,就是把听和说的练习结合进行,听后做复述、评述或说出听话感想的训练方法。中学语文教师在运用这种方法来提高学生的倾听能力时,可以借助于以下几种有效的形式:

第一,听述,即让学生把听到的内容用自己的语言准确而有条理地复述出来。

第二,变说,即让学生根据要求把听到的话由长变短或由短变长,或改变说话的顺序、语气等。

第三,听评,即让学生对听到的内容就中心思想、事件情节、语言表达等方面做出评论。

第四,听后感,即让学生针对听到的话语,发表个人的感想。

(六)听测训练法

所谓听测训练法,就是训练学生从听到的话语推测没有听到的话语或言外之意的方法。中学语文教师在运用这种方法来提高学生的倾听能力时,可以借助于以下几种有效的形式:

第一,推测意图,即以说话的内容和说话人的表情、语气等为依据,推断其讲话的意图。

第二,推测结果,即以已知的材料为根据,对可能出现的结论或结局进行推测。

第三,推测说话人的相关信息,即以说话的内容,说话人的用语特点及说话人说话时的神态、动作等为依据,对说话人的相关信息进行推测,如说话人的身份、职业、性格、爱好等。

二、培养表达与交流能力的方法

在中学语文口语交际教学时,要有效培养学生的表达与交流能力,可借助于以下几种有效的方法:

(一)谈话训练法

所谓谈话训练法,就是借助于说与听在共同创设的语言情境中相互应答的活动形式来训练学生的表达与交流能力的方法。中学语文教师在运用这种方法来提高学生的表达与交流能力时,要特别注意以下几个方面:

第一,要选择好谈话的开头,一见如故法、扬长避短法等都是可以运用的谈话开头方法。

第二,要选择好谈话的话题,即话题必须是有价值的,双方感兴趣的,与当时的情景相符合的。

第三,要明确如何对话题进行自然转化,既可以在一个话题谈完后沉默片刻,再提出新话题;也可以用过渡性语句来转换话题;还可以直接说"我们转个话题吧"。

(二)故事训练法

所谓故事训练法,就是通过让学生讲故事来训练其表达与交流能力的方法。中学语文教师在运用这种方法来提高学生的表达与交流能力时,要特别注意以下几个方面:

第一,要确保学生所讲的故事有健康、积极向上的思想。

第二,要确保学生所讲的故事有较强的趣味性。

第三,要确保学生所讲的故事有多样化的来源,既可以来自文学作品,也可以来自影视戏剧,还可以来自所见所闻等。

第四,要确保学生所讲的故事有较高的艺术性。

(三)演讲训练法

所谓演讲训练法,就是让学生在公开场合面对较多的听众,针对某一问题或某一事件发表见解、阐明道理等,这是促使学生的表达与交流能力得到提高的方法。中学语文教师在运用这种方法来提高学生的表达与交流能力时,要特别注意以下几个方面:

第一,要指导学生对语音进行有效运用,以便演讲的内容能够被所有的观众听清楚。

第二,要指导学生把握说话的合理语速,并掌握停顿的用法,以便演讲的重要内容能够得到突显。

第三,要指导学生演讲时合理运用表情、神态和动作,以便表达的感情色彩能得到有效增强。

第四,要指导学生形成观点新颖、构思精巧的演讲内容,以便吸引更多的听众。

(四)讨论训练法

所谓讨论训练法,就是通过让学生参与讨论来训练学生的表达与交流能力的方法。中学语文教师在运用这种方法来提高学生的表达与交流能力时,要尽可能在理解课文的过程中,提出某种容易出现歧义的议题,引起争辩,要求学生在短时间内发表个人意见。

第五章 提高口语表达能力：中学语文口语交际教学设计

(五)辩论训练法

所谓辩论训练法，就是通过让学生参与辩论来训练学生的表达与交流能力的方法。辩论就是围绕同一辩题，双方形成对立观点而组织进行争论，这是一种层次高，难度大的说话训练方式。中学语文教师在运用这种方法来提高学生的表达与交流能力时，要注意从组织准备、辩论技巧和注意事项等方面给予学生具体的指导。

(六)口头报告训练法

所谓口头报告训练法，就是让学生围绕某个问题，某件事情，某项活动的前因后果，向听众做比较完整的口头介绍，继而促使学生的表达与交流能力得到提高的方法。中学语文教师在运用这种方法来提高学生的表达与交流能力时，要注意指导学生选取力所能及的题目，并围绕所选的题目做好充分的准备。

第四节　中学语文口语交际教学设计的要领

中学语文口语交际教学以口语交际中主体参与的形式，可以大致分为独白型口语交际教学、对话型口语交际教学和表演型口语交际教学。由于每一类型的中学语文口语交际教学都有着自身的特点，因而其设计的要领也有所差异。

一、独白型口语交际教学设计的要领

在学生的日常生活中，独白型口语交际的运用是十分广泛的。因此，在开展中学语文口语交际教学时，要重视独白型口语交际教学的开展，以有效培养学生独白型口语交际的能力。

(一)独白型口语交际教学的内涵

1. 独白型口语交际教学的特点

独白型口语交际教学的特点,具体来说有以下几个:

第一,以说话者为口语交际的主体,口语交际目标一般为事先预设,指向明确。

第二,交际的内容相对单一、独立。

第三,交际的结构比较严谨、完整。

2. 独白型口语交际教学的内容

一般来说,独白型口语交际教学的内容包括以下几个方面:

第一,介绍,包括自我介绍,介绍家庭,介绍家乡,介绍朋友,介绍一种动植物等。

第二,陈述,包括说自己的观点,说自己的愿望,说自己的经验教训等。

第三,演绎,包括说笑话,说故事,朗诵诗文等。

(二)独白型口语交际教学的设计要领

在对独白型口语交际教学进行设计时,需要掌握以下几个要领:

1. 确定适宜的口语交际主题

在进行口语交际表达时,应当根据确定的主题对表达内容进行精心的挑选。如果口语交际不围绕内容展开,则很容易出现"言愈多而理愈乱"的现象,无法让听者明白自己表达的中心思想,继而导致口语交际的失败。因此,要注意"意"在"言"先,不能随心所欲地漫谈,也不宜经常变化主题。为此,在开展独白型中学语文口语交际教学时,中学语文教师必须要引导学生在表达前确立一个主题,并以该主题为核心展开口语交际。比如,在让学生对一个朋友进行介绍时,要使学生明确意识到介绍的主题是某一个"朋友",与此关系不大的内容便不应出现。

第五章 提高口语表达能力：中学语文口语交际教学设计

2. 明确口语交际的对象

在进行口语交际表达时，要想取得成效，必须充分考虑到口语交际的对象。因此，在对独白型口语交际教学进行设计时，要重视对口语交际的对象进行明确。需要注意的是，这里所说的口语交际的对象，既包括听众的年龄、身份、职业等，也包括口语交际的目的与场合等。比如，学生在进行竞选发言时，要是听众中有同学、老师和家长代表这三个群体，则发言的内容需要适合这三个不同的群体。

3. 选择切题的口语交际内容

在对独白型口语交际教学进行设计时，选择切题的口语交际内容也是一项十分重要的工作。在这一过程中，要特别注意以下几个方面：

第一，适用能够说明、突出、烘托主题的内容。

第二，要对内容进行适度的精选，即所选题的内容应有明显的特征性和代表性，切不可将与主题有关的材料都表达出来。

第三，要注意内容的新颖性，以便给听者耳目一新的感觉，继而引起听者倾听的兴趣。

4. 设计合理的口语交际表达结构

进行独白型口语交际教学时，为了使表达的内容更有条理，在表达前应当设计合理的结构。通常认为，口语交际表达的基本结构主要有横向结构、纵向结构、时间结构和空间结构四种。

5. 设计恰当的口语交际活动载体

独白型口语交际是以单向的言语输出为主的，而且形式相对比较单一，当个人表达时间过长时很可能会令听者感到疲倦。因此，设计恰当的口语交际活动载体，以任务驱动的方式引发学生的自主表达就显得十分重要。比如，在开展讲故事活动时，可以设计"故事大王"评选活动，让学生不仅听故事，而且进行互动评选。如此一来，学生参与活动的兴趣便会大大增加。

二、对话型口语交际教学设计的要领

对话型口语交际是由两人或多人参与的,双向或多向的,以口语为载体的信息交流活动,也是生活中使用最广泛、最简便的言语交往形式。问答、商量、电话交谈、访谈、讨论、购物等,都属于对话型口语交际。

(一)对话型口语交际教学的内涵

对话型口语交际教学是一种以"对话"为核心,体现交际双方你来我往的互动过程,需要双方互相配合进行言语交流的活动。在中学语文口语交际教学中开展这种教学活动,目的主要有以下两个:

第一,培养学生的"听话"能力,让学生学会认真听别人讲话,并努力理解对方讲话的主要内容。

第二,培养学生"说话"的能力,即要有效提高学生的表达能力。

(二)对话型口语交际教学的设计要领

在对对话型口语交际教学进行设计时,需要掌握以下几个要领:

1. 要与现实生活相适应

在对对话型口语交际教学进行设计时,必须要适合现实生活,即要做"生活化"的对话型口语交际教学。这样做能够避免无意义的"假对话",从而真正促进学生口语交际能力的提高。

2. 要设计好"听"的教学环节

在实际的口语交际过程中,"听"在很大程度上影响着口语交际能否成功。因此,在对对话型口语交际教学进行设计时,必须要设计好"听"的教学环节。具体来说,这一环节的教学设计应分为如下几步进行:

(1)训练"听"的能力

要运用多样化的训练方式,来促进学生"听"的能力得到不断提高。比如,让学生听一些简单的新闻录音,然后各自提取自己听到的信息内容。又如,让学生听一些采访录音,从中获取被采访者的相关信息。

第五章 提高口语表达能力：中学语文口语交际教学设计

(2)理解"听"的内容

在听对方讲话时，除了要听清对方的讲话，还必须理解对方讲话的意思。只有这样，才能很好地对对方的讲话做出回应，从而完成一个完整的口语交际。因此，中学语文教师要注意设计一些实用的活动来帮助学生理解"听"的内容。比如，信使活动，即教师让学生分小组讨论一个问题，然后每个小组派出自己的信使到其他组去，告诉他们本组的意见并带回其他组的信息。

(3)鉴赏"听"的结果

鉴赏是在理解的基础上进行的，即要想对"听"的结果进行鉴赏，首先要理解"听"的内容。为此，这一阶段的口语交际教学设计可以让学生欣赏一些交流视频或辩论实录，并让学生自由发言，各自说说觉得其中哪些对话说得妙，妙在哪里，从而学会积累一些经典的对话，并能灵活运用于日常生活中。

3.要设计好"说"的教学环节

在实际的口语交际过程中，"听"之后的动作便是"说"，即表达。只有表达有条理、适当，口语交际才能顺利进行。因此，在对对话型口语交际教学进行设计时，必须要设计好"说"的教学环节。具体来说，这一环节的教学设计应特别注意以下几个方面：

第一，要注意根据不同年级学生的学习情况，选取一些合适的绕口令，让学生结合语音进行学习，以帮助学生养成良好的发音习惯。

第二，要注意设计一些限时的口语练习，让学生在限定时间中做出恰当、合适的回答，这对于学生思维能力的提高有着重要的作用。

第三，要注意设计多样化的形式来促进学生言语组织能力的发展。比如，复述这种形式对于提高学生的言语组织能力就有着重要的作用，即让学生在听完一段新闻或故事后，用自己的话组织所听内容，复述一遍。

三、表演型中学语文口语交际教学设计的要领

表演型口语交际是一种兼具独白型和对话型特点的，以语文综合实践活动为主要特征的口语交际类型。表演童话剧、表演课本剧、当众演

讲、主持节目等,都属于表演型口语交际。

(一)表演型口语交际教学的内涵

表演型口语交际教学倾向于"表演"二字,即重点在使学生通过参与表演活动来提高自身的口语交际能力。这一类型的口语交际教学相对于独白型口语交际教学和对话型口语交际教学来说,要更为丰富多彩一些,因而更容易引发学生的参与兴趣。

(二)表演型口语交际教学的设计要领

在对表演型口语交际教学进行设计时,需要掌握以下几个要领:

1. 要从实际出发进行设计

从实际出发进行表演型口语交际教学设计,就是说所设计的表演型口语交际教学不能与学生的学习、生活实际相脱离。为此,在具体进行表演型口语交际教学设计时,以下几方面要特别予以注意:

第一,表演型口语交际教学设计必须贴合学生的学习和生活状态,并要兼顾学生的学习阶段,能够以不同年级学生的学习特点为依据对教学方式进行有针对性的设计。

第二,表演型口语交际教学设计应注意选择学生熟悉的,感兴趣的,对学生有教育作用的内容,以有效调动学生参与教学的积极性与主动性。

第三,表演型口语交际教学设计应遵循循序渐进的原则,即要依据学生的年龄特点和学习规律,依照各学段口语交际目标要求,所设计的表演应当难易适度,并要注意在学生可以接受的范围内增加表演的难度。

2. 要因地制宜地进行设计

随着社会的不断发展,我国地域差异越来越小,地区的发展水平差异也越来越小。但不可否认的是,地区之间的差异仍存在。而地区之间的差异,在教育方面会有突出的表现,这就决定了在设计表演型口语交际教学时,必须重视因地制宜。比如,在乡村学校,由于环境、硬件设施

第五章　提高口语表达能力：中学语文口语交际教学设计

等条件的限制，学生的课外活动比较单一，文艺表演或者其他各种文艺比赛相对较少，以课堂学习为主；由此，学生们得到口语交际练习表演的机会较少，往往在乡村课堂形成一种学生对表演不感兴趣的现象。这就要求乡村语文教师在做表演型口语交际教学设计中充分尊重学生的主体地位，让学生成为课堂中的主人，教师参与少一点，学生参与多一点，才能使口语交际切实有效。

此外，要因地制宜地进行表演型口语交际教学设计，还可以尝试根据地方文化特色开展口语交际教学，让地方风俗走进口语交际的课堂。如此一来，表演型口语交际教学的内容便能得到大大丰富。

3. 要针对学生的个性进行设计

在开展表演型口语交际活动时，往往能够对学生在学习以外的闪光点进行挖掘。为此，中学语文教师在开展表演型口语交际教学的过程中，要注重观察学生，及时发现学生的个性亮点、特长。如此一来，中学语文教师在往后的口语交际教学设计中，就能确保设计得更好，与学生的个性更相符合，继而引导学生形成良好的个性。

第五节　中学语文口语交际教学策略的设计

中学语文口语交际教学策略的有效设计，能够促使中学语文口语交际教学顺利开展并取得良好的成效。就当前来说，在设计中学语文口语交际教学的策略时，应具体包括以下几方面的内容：

一、中学语文口语交际话题选择策略的设计

话题是中学语文口语交际教学的主线，而且以话题为纽带，在真实情境中把交际双方紧密地联系到一起，重在培养学生倾听、表达、应对的交际能力，从而使学生具有文明和谐地进行人际交往的素养，是中学语文口语交际教学的一个重要目的。因此，在设计中学语文口语交际教学

的策略时,话题选择策略的设计是不容忽视的一个方面。具体来说,在设计中学语文口语交际的话题选择策略时,要特别注意以下几个方面:

第一,所选择的口语交际话题要与学生的年龄特点、认知水平、兴趣等相符合,与学生的生活相贴近,以便学生有话可说,愿意交流,继而积极主动地参与到口语交际活动之中。

第二,所选择的口语交际话题要对学生有现实意义,以便激起学生的思想火花,产生热烈的交流气氛。

第三,所选择的口语交际话题要有针对性,能切实促进学生口语交际能力的提高。

第四,所选择的口语交际话题既要来自教材,又要高于教材,即所选择的口语交际话题要与教材的阅读教学内容及单元主题、文体等相关,并要依据实际情况进行相应的修改。

第五,所选择的口语交际话题应是多元的、开放性的,既可以来自学生的家庭生活、学校生活、业余生活,也可以来自社会热点问题等,以有效拓展学生思维的广度和深度,促进学生口语交际能力的提升。

二、中学语文口语交际情境设置策略的设计

中学语文口语交际教学与阅读教学、写作教学相比,一个特别之处便是要创设情境,营造氛围,使学生产生"如入其境"的亲历感、现场感和对象感。只有在这种情境中,学生以交际互动为主要特征的口语能力和听知能力才能得到有效锻炼。因此,在设计中学语文口语交际教学的策略时,情境设置策略的设计也是不容忽视的一个方面。具体来说,在设计中学语文口语交际的情境设置策略时,要特别注意以下几个方面:

第一,在设置口语交际的情境时,要切实从学生的生活实际入手,以便学生在口语交际情境中产生身临其境、似曾相识的感觉,继而更加积极、主动地参与到口语交际活动之中。

第二,在设置口语交际的情境时,要确保其具有适度的自由性、民主性与平等性,以便所有的学生都能参与到口语交际活动之中。

第三,在设置口语交际的情境时,要确保其具有生动性和逼真性,以便充分调动学生内在真实的情感体验,激发他们强烈的表达欲望,促进其思维能力与表达能力的提高。

第五章　提高口语表达能力：中学语文口语交际教学设计

第四，在设置口语交际的情境时，要注意多样化情境的设置，以便通过让学生在不同的社会生活情境中进行口语交际，促进其口语交际能力的不断提高。

第五，在设置口语交际的情境时，可以借助于音像、图片等电子媒介营造真实自然的口语交际情境，以便学生能够更为积极地参与到口语交际活动之中。

三、中学语文口语交际互动策略的设计

参与交际的人，不仅要认真倾听，听懂对方的交流信息，抓住对方交流信息的要点，而且还要适时接话，谈自己的意见和想法。也就是说，口语交际是听与说双方的互动过程，是语言信息的往来交互。因此，在设计中学语文口语交际教学的策略时，互动策略的设计也是不容忽视的一个方面。具体来说，在设计中学语文口语交际的互动策略时，以下几个方面要特别予以注意：

第一，要重视师生互动，即中学语文教师必须转换角色，与学生平等交流，不能以自己的权威抑制学生表达的欲望和思想的火花。

第二，要重视生生互动，即中学语文教师在开展口语交际教学时，要合理地安排与组织同桌之间，前后桌同学之间，小组成员之间的互动与交流。

第三，要重视群体互动，即中学语文教师在开展口语交际教学时，要合理地安排与组织小组与小组之间或全班学生共同参与的活动方式。

四、中学语文口语交际示范策略的设计

由于学生总是以教师的表达为范式的，因此在中学语文口语交际教学中，教师的示范起着十分重要的作用。这就决定了在设计中学语文口语交际教学的策略时，示范策略的设计也是不容忽视的一个方面。具体来说，在设计中学语文口语交际的示范策略时，以下几个方面要特别予以注意：

第一，尽可能体现中学语文教师参与口语交际的主动性。

第二，尽可能体现中学语文教师的语感敏锐性与领悟、辨析能力。

第三，尽可能让中学语文教师使用准确、简练、畅达、生动和略带幽默感的语言。

总体来说，在中学语文口语交际教学中，凡是中学语文教师要求学生做到的，自己大体上都要先做到且要做得更好些。

五、中学语文口语交际指导策略的设计

在中学语文口语交际教学中，教师的指导对于学生口语交际活动的顺利开展及口语交际能力的提升都有着重要的作用。因此，在设计中学语文口语交际教学的策略时，指导策略的设计也是不容忽视的一个方面。具体来说，在设计中学语文口语交际的指导策略时，以下几个方面要特别予以注意：

第一，要指导学生悉心倾听。口语交际的第一步是"听"，因而中学语文教师在开展口语交际教学时，必须指导学生学会倾听，不断提高倾听的能力。为此，中学语文口语交际教学必须把教会学生"怎样听"作为教学的主攻方向。

第二，要指导学生组织表达。在口语交际中，表达也是一个十分重要的环节。因此，中学语文教师在开展口语交际教学时，也要重视指导学生的组织表达。在这一过程中，中学语文教师既要指导学生表达的内容，也要指导学生表达时的语气、语调等。

第三，要指导学生领悟交际。倾听与表达的最终目的，是顺利地与他人进行交流，但是会听、会说未必能使交谈者之间的沟通顺利地进行下去。因此，中学语文教师在开展口语交际教学时，也要指导学生掌握一定的口语交际技巧，如如何处理口语交际中的尴尬局面，如何运用体态语使交际更为顺畅等。

六、中学语文口语交际评价反馈策略的设计

要确保中学语文口语交际教学落到实处，不断提高中学语文教师开展口语交际教学的质量，评价与反馈工作是不可或缺的。因此，在设计中学语文口语交际教学的策略时，评价反馈策略的设计也是不容忽视的一个方面。具体来说，在设计中学语文口语交际的评价反馈策略时，以

第五章 提高口语表达能力:中学语文口语交际教学设计

下几个方面要特别予以注意:

第一,评价方式既要重视阶段性评价,也要重视即时性评价,以便及时掌握口语交际教学的开展情况及学生的实际学习情况,继而以此为依据调整或改变教学策略,以便教学取得更好的成效。

第二,评价视点既要关注语言因素也要关注非语言因素。在语言因素方面,不仅要借助评价激活学生的语言储备,规范口头用语,还要借助评价,培养学生语言的应变性和得体性。在非语言因素方面,要把交往态度、习惯、方法、沟通能力、处事能力等也置于评价的视野,以全面完成口语交际教学的任务。

第三,评价应以鼓励性评价为主,以便学生在获得富有建设性的反馈信息的基础上,口语交际能力得到不断改善与提高。此外,在采用批评性评价时,要力求具体,避免空洞,以便让学生真正把握其口语交际方面的缺点,并有针对性地进行改正。

第六章 提高写作能力：中学语文写作教学设计

写作是人类的一项特殊的精神文化现象和社会实践活动，是人们以文字有序地表达思维成果的活动过程。写作教学是中学语文教学的一个重要组成部分，写作能力是学生语文素养的综合体现。写作教学不仅可以提高学生的语言表达能力，而且在智力开发，发展思维，培养个性等方面发挥着重要作用。学生思想水平的高低，语文学习程度如何，其作文可以作为衡量的重要尺度。为了搞好写作教学，必须加强对写作教学的研究。本章就中学语文写作教学设计的相关内容进行阐述。

第一节 中学语文写作教学的地位与目的

一、中学语文写作教学的地位

写作教学应占有怎样的地位，人们在这个问题的认识上一直存在分歧。主张"以作文为中心"的人，看重了它的地位；主张"以阅读为中心"的人，又看轻了它的地位。近年来，又有一种人过于看重听说教学，以为听说将越来越重要。在听说读写四种社会活动中，应该承认写的活动所占比重最小；对从事非文字工作的人来说，其所占比重当然更少。然而，在学校教育领域里，人们总是读写算并提，称之为三大基础学习能力。只是在语文科内部才听说读写并提，这也是同样确凿的事实。

在语文科内部，听说读写并重是正确的，但如以听说在社会生活中

第六章 提高写作能力：中学语文写作教学设计

所占比重大为理由，而欲置听说教学于读写教学之上，显然是失之偏颇的。听说读的教学固然重要，写的教学也同样重要，这主要是基于写作的功能和阅读的功能不同，而书面语的功能又和口语的功能不同。

第一，写作的功能和阅读的功能不同，学习写作和学习阅读的难度也不同。但事实上，掌握作文的难度远大于掌握阅读的难度。虽然作文和阅读都包含许多因素或者说许多变项，如学生的知识、生活领域、个性、智力、兴趣和态度等，因而写作和阅读都需要高度的综合能力，但阅读是理解，是吸收，是学习别人现成的知识和经验；而写作则相反，它是表达，是创作，是用自己的语言去表达自己的认识和生活。这样，后者就必然难于前者。其结果是，学生的写作能力一般都比阅读能力低，作文教育过程成为最难于收效的过程。

许多人都承认，在基础教育阶段，写作能力是最难以形成的。计算教育成功的事例比比皆是，阅读教育成功的事例也到处可见，写作教育成功的事例却很少。这样的事实，无疑要求我们把写作教学摆到重要的地位上。

第二，书面语和口语的功能不同，掌握它们的难度也不同。书面语和口语有许多共同因素，诸如用词造句、构思和表达主题等。但由于书面语要流传到后代，它必须具备一些为口语所不一定具备的特质，比如内容的确实性、固定性和复杂性，表达形式的准确性、清晰性等。它不像口语那样，由于思想传达的对象就在眼前，所以允许说话内容有所跳跃或反复，允许语言运用上有疏漏、多余甚至错误。而这些都是书面语言表达中所不容存在的。

基于以上两个理由，现在虽然是大众信息传播手段越来越多的时代，但电视终究代替不了阅读，电话代替不了写作，写作教学依然具有不可动摇的重要性。

二、中学语文写作教学的目的

写作教学就是教师指导学生学会运用文字表达思想，以及形成与之相适应的写作心理的活动。写作是一种综合的言语活动，因而写作教学的目的是多元的，不但要培养写字能力、写作态度，还要促使学生形成健康的人格。

(一)培养写作能力

写作教学的直接目的是培养学生的写作能力。随着信息社会的到来,写作能力的内涵也愈加丰富。学生的写作能力是一种综合能力,包括写作的专门能力和基本能力。

1. 写作的专门能力

写作是语言和思维交互作用的复杂的心智活动,它需要学生识字、写字、用词、造句、布局、谋篇。因此,写作教学中要培养的专门能力有五种,具体如表6-1所示。

表6-1 培养中学生写作的专门能力

大类	小类
审题能力	根据要求,弄清题意,打开思路,并且防止离题偏题的能力
立意选材能力	确定中心(或主题),选择材料,组织材料的能力。在信息时代,这种能力表现为迅速定向信息,获取信息,分析信息,加工信息的能力
谋篇布局能力	在确定了中心(主题)之后,解决材料安排的条理、次序、详略等问题的能力
语言表达能力	使用书面语言准确、鲜明、生动地表达思想的能力
修改文章的能力	对写就的文章进行修改润色的能力

2. 写作的基本能力

写作教学要培养的作文基本能力主要有以下几点:
(1)观察社会生活,抓住事物特征,积累写作素材的观察力。
(2)运用分析、归纳等思维方法进行审题、立意,确立文章的题材和体裁,明确写作中心,进而选材、组材的思考力。
(3)在已有表象的基础上,创造出新形象来丰富材料,拓展思路的想象力。

第六章　提高写作能力：中学语文写作教学设计

(4)由眼前的感知事物而想起相关的其他事物，因而使文章的立意新颖的联想力。

写作前，学生需要深入生活，观察事物，认识事物，需要调查研究，需要博览群书，积累写作素材；写作中，学生要将思想感情、知识经验以文字的形式有条理地表达出来，成为书面语言文字，这是思考过程。在写作过程中，学生的观察力、注意力、记忆力、思维力、想象力等各种智力因素都可以得到训练，从而得到和谐、全面的发展。因此，作文也是一种智力开发活动。

总体来说，写作教学可以把文字、词汇、语法、修辞和各种语言表达方式，以及观察力、记忆力、思维力、想象力等智力因素熔于一炉，进行多种因素的综合训练，从而达到培养学生写作能力的目的。

(二)培养写作态度

写作态度是在写作过程中逐渐形成的对写作的一种持续性反应。在写作态度方面，教师要培养中学生形成自觉的态度，严肃的态度和观察的态度。

1. 自觉的态度

自觉写作的态度是写作的重要条件，表现为以下几方面：
(1)对客观事物的关心。
(2)对现实生活的兴趣。
(3)对文字表达的喜悦。
(4)对写作的愿望。

有了这种态度，学生才不会畏惧写作中的困难，提高写作能力。可以说，不管有什么样的生活素材，态度的是否自觉，是至关重要的。

2. 严肃的态度

文章是表达思想的工具，写文章是和读者交流信息的活动。学校里的写作教学，是为了适应社会的需要。因此，无论何时教学生写作，都要让他们意识到他们是在和别人交流思想。正因为如此，教师要培养中学生的社会责任感。书信、记录、通讯、报告、说明书、评论文章等都具有社会性,自然要求具有严肃的态度。

3. 观察的态度

学生作文的内容主要来源于现实生活和图书。观察的态度主要在观察现实生活和观察图书中所反映出的生活画面中养成,留心事物,觉察事物的特征。

人们对于某些事物常常"视而不见",虽然看到了,但觉察到的可以成为作文材料的很少。这样,无论在其他方面怎样努力,也是写不出文章来的。因此,观察是写作不可缺少的基本功,教师应把培养学生的观察态度当成第一位的工作。

(三)促使中学生形成健康人格

"健康人格"在 21 世纪的含义是"关心自己的健康,关心自己的家庭、朋友和同行,关心他人,关心社会和国家的经济和生态利益"等。现如今,科学技术发展了,经济发展了,人们的生活水平也越来越高了,但越来越多的人出现人格障碍。因此,特别要强调加强对学生健康人格的塑造,培养社会主义事业合格的接班人。

写作教学在促使学生健康人格形成方面有独到之处,这是因为学生在写作过程中会受到思想、品德、意志、审美、情操和习惯态度的教育。作文中包含着对事物的认识、感受,必然反映出自己的观念信仰、思想感情和态度。"文如其人",怀着一颗卑劣的心的人不可能写出真、善、美的好文字,作文和做人是可以和谐地统一起来的。"作文是生活技术的训练,说是做人的训练也无不可。"因此,在写作中应教育学生说真话、实话、心里话,不说假话、空话、套话,做一个言行一致的人。

总之,写作教学在现代社会中具有重要意义,它在切实提高学生的语言表达能力的同时,还会促进学生德、智、体、美的全面发展,促进学生健康人格的形成。因此,在狠抓"素质教育"的今天,写作教学具有重要的地位。

第六章　提高写作能力：中学语文写作教学设计

第二节　中学语文写作教学的意义与要求

一、中学语文写作教学的意义

写作教学具有怎样的意义，不同的时代，不同的社会会有不同。对于我们来说，其意义主要有以下三个：

适应社会主义现实生活的需要。今天的社会生活，时时需要人们做记录，写计划，记笔记，通信，做文字说明，写调查报告，写工作总结，写设计说明，写评议文章等。这类以沟通思想为目的的文字，都具有社会传达的功能。写作教学的这一意义，来源于社会的需要和时代的要求，也反映了社会环境和时代制约性对写作教学的影响作用。

写作自身所具有的语言和思考功能。作文是一种书面语表达方式，它自身具有的一个功能就是提高语言运用能力。在写作过程中，需要搜求语言，选择语言，推敲语言，使语言更加精确。写作可以把文字、词汇、语法、修辞和各种语言表达手段和训练熔于一炉，发挥语言诸种因素综合训练的作用。写作自身具有的另一个功能是锻炼思维，发展思维。学生凭借写作可以使思想从零乱趋向条理，使想法从模糊趋向明确，使认识从分散趋向统一。学生在写作过程中，首先要感知事物，然后发掘其内在的东西，再经过归纳整理，概括为书面文字，这一切都是逻辑的思考过程。可以说，写作教学在听说读写四种教学活动中，是能够最有效地发展学生语言力和思考力的教学活动。

写作的伦理的功能，即学生在写作过程中，会得到思想、品德、修养、情操和习惯态度的教育。任何人写文章，除了语言文字表达形式的一面以外，还有非语言文字因素即内容的一面。后者必定包含着对事物的认识、感受，必然反映出自己的观念信仰、思想感情和态度等。而当做出这类反映时，也就会受到教育，得到提高。

二、中学语文写作教学的要求

学校里的写作是一种训练活动,是一种教育事项,它是本着一定的目的进行的。而为达到写作的目的,自然要提出符合目的的要求。对于写作,可以从多种角度提出多种要求。这里,从作文内容和作文形式两个方面提出可视为原则性的要求:

(一)对内容的要求

对学生作文内容的基本要求,是写得真实诚恳,这应是教师评价作文的首要的标准。这个基本要求,适用于表达自身情感,表达社会生活的文章和文艺性文章。

表达自身情感的文章,写的是个人的所见所闻与所思所感,真实诚恳就显得更为重要。自己听到见到的是怎样的就怎样写,自己是怎么想的、怎么感受的就怎么写,而不许把无写成有,把假写成真。在这个问题上,国内外的杰出语文教育学者的主张无不如此。这主要是基于以下两个原因:第一,从历史发展上看,这种要求的出现,是个性解放在学校作文中的必然产物。近代以前,在我国,作文只能代圣贤立言,只能述而不作;在欧美,作文只能重复《圣经》里的故事,申明基督教义。但是到了近代,由于社会思潮的进步,学校里的写作教学开始主张抛弃内容上的教条主义,而追求真实地表露自己,以至于把表达自己的真情实感放到了首要的地位。而随着作文内容的解放,表达力也得到了解放。第二,从写作教育的目标看,写作并不单是为了作文,同时也是为了做人。文章是思想感情的记录,是反映写作者自身的一面镜子,"文如其人",表达的思想风格应该和作者的人格相一致,尤其是日记、书信、自传、随笔一类的文字等更应该符合这一要求。

表达社会生活的文章,也同样要求真实恳切,要按照事物的本来面貌去写,既真实又反映出恳切的态度。事物说明书、通讯、报告、计划、总结等无不要求如此。这虽不是直接表达,却也会间接地反映出自身情感来。

文艺性文章允许虚构,并不能要求和前两种同样的真实。但是,这类文章一般本不属于中学写作训练的范围,而且它本来就不是以反映作者本人的真实情感为特征的。尽管如此,它还有个艺术真实的标准,并且也以艺术的形式反映出作者的世界观和人格。

综上所述,写作教学内容的第一个基本要求是真实诚恳。

(二)对形式的要求

对学生作文形式的基本要求,是写得平易朴素。表达上的平易朴素,是社会生活的需要,自然也就应该是学校写作教学追求的基本目标。在历史上,学校的作文一直和社会生活脱节,写文章不是为了实际应用。今天,时代完全变了。为了增强文章的实用价值,教师应以平易朴素为评价作文形式的基本标准,树立平易朴素的文风。此外,在现代视听传播手段和文字材料竞相比高低的时代,以传达思想为目的的文章,也应具有新的性格——平易朴素的性格。今天的学校写作教学在表达形式方面的要求,应以读者易懂,乐于接受为原则,应更明确地树立为读者服务的观念。为此,第一,教师要注意读物,特别是课文对学生作文的影响,尽量引导学生阅读文风平实质朴的文章,对着意雕琢,堆砌辞藻者应有所批评或批判;第二,赞扬写得平易朴素的作文,而对误以辞藻华丽为美的作文,则应给以教育和具体帮助,使之转而树立健康的文风。

第三节 中学语文写作教学设计的基本理念

理念是一切的先导,具有决定性的作用,其他内容的学习都是在正确理念的观照和指导下完成的。本节将对中学语文写作教学的几种基本理念进行阐述。

一、激发学生兴趣

德国教育家第斯多惠说过,教学艺术的本质不在于传授,而在于激发、唤醒和鼓舞。正所谓"知之者不如好之者,好之者不如乐之者"。与其生硬地推动学生向前走,不如唤起学生的兴趣。兴趣是最大的内驱

力,唤起兴趣,要遵循如下两个原则:

(一)循序渐进

先让学生把一件简单的事情说清,正所谓"贪多嚼不烂"。如果连一个简单的片段描写都无法搞定,遑论写出一篇精彩的文章。教师要从小处着眼,从片段描写着手,人物也好,场景也罢,接下来再扩展到记叙文全篇的写作。对于基础差的学生要鼓励他们进行模仿,再适当地加以引导。

(二)培养学生的自信心

人有自我实现的需求。越是写作基础差的学生,越是希望自己得到教师的认可。教师要不吝惜自己的表扬和鼓励,努力去发掘学生作品中每一处细微的优点,给予他们中肯的表扬,长此以往,学生的自信心会得到很大的提升。要用权威的点评,热切的希望来鼓励学生,让他们感受到尊重和信任。

二、强化学生阅读

"阅读是吸收,写作是倾吐,倾吐能否合于法度,显然与吸收有密切联系。"一个读书多的人不一定是一个会作文的人,但一个作文写得好的人一定是一个饱读诗书的人。

现在很多学生也知道要读书,也多读书,但都读些什么书呢?网络作品、青春小说、快餐文学,这样的阅读只能给学生以短暂的愉悦,却无法从根本上提升学生的写作水平,所以教师一定要用经典引领他们的创作,给他们开列书单,让学生得以慢慢走进一个博大而绚丽的文学世界,让他们在起步的时候就以大师为榜样前进,跟最一流的经典学习。要培养学生的见识和笔力,可以从以下几个方面入手:

(一)重视课内阅读

要从课文中寻找训练的切入点,让课内练笔成为一种常态化的行为。

第六章 提高写作能力:中学语文写作教学设计

1. 模仿好的词句,遣词造句

《乡愁》这首诗的语言很经典:"小时候,乡愁是一枚小小的邮票,我在这头,母亲在那头……"请学生练笔仿写,如:"乡愁是一枚青橄榄,苦苦的,涩涩的,别有一番滋味在心头。"

2. 以课文"留白"为切入点

海明威的墓志铭是自己给自己写的:"恕我不能站起来。"他可能想表达两重意思:第一,海明威已经死了,他的肉体不可能站起来了;第二,海明威只有肉体死了,他才可能不再站起来,否则他一定是以一个站立者的形象出现在读者面前的。学生也可以为海明威写墓志铭,看看学生想写的内容,看看他们用什么话来总结和概括这个传奇人物的一生。

《奥斯维辛没有什么新闻》一课里面,那位二十多岁的姑娘,长得丰满、可爱,温和地微笑着,似乎为一种神秘感而微笑,当时她在想什么呢?可以鼓励学生根据自己的理解来将内容补充完整,也有助于他们对文章中人物和主题的进一步理解。

3. 以情节想象为切入点

杜甫的《石壕吏》写:"吏呼一何怒,妇啼一何苦。听妇前致词,三男邺城戍。一男附书至,二男新战死。"可以让学生们进行想象,那封书信的内容是什么?吏为什么怒?吏对老妇人说了什么?妇苦在哪里呢?她是怎么和吏进行对话的呢?这些都可以通过想象来补充完整。也可以相互进行讨论。

4. 以语言的表达为切入

还以这篇《石壕吏》为例,像这样的古诗经典,教师可以引导学生将其改编为现代文或者现代诗,并品味其语言表达的好处。将古诗改编为现代诗在当下很流行,一些古诗的翻译作者,也都是以现代诗的形式呈现的,将一些翻译得比较经典的找来给学生看,一定会激起学生的兴趣和动笔的想法。

5. 以文中的哲理语句切入

教材中的课文有很多充满哲理的句子或是观点,教师可以让学生根据这些发表意见,写出感想。王勃《滕王阁序》中的"萍水相逢,尽是他乡之客";荀子《劝学》中的"吾尝终日而思矣,不如须臾之所学也";《琵琶行》里面的"同是天涯沦落人,相逢何必曾相识"……这些句子都可以作为论点,让学生去阐发和思辨。

(二)拓展课外阅读

写作主要有四个支点:生活、思想、语言、技巧。这四个支点都可以通过读书来解决,或者在读书的过程中自然得到提高。读书要读经典,而且要读深。把一本书读深读透,成为自己的"根据地",这就是所谓的"一本书主义"。没有一定的阅读深度,学生很可能永远停滞在一个较低的层次,成为只有广度而没有深度的平面人。

可以建议学生对经典书目反复读。每一遍读有每一遍的目的,一次比一次加深,一次比一次更进一层。把一本书读透了,把这一口井挖深了,再往宽广发展就容易了。

可能很多同学会有这样的疑问,虽然看了很多书,但是记不住,有些即便记住了,在写作文的时候也不会用。这种现象常常发生,阅读是万万不能急功近利的,阅读对写作的影响不是立竿见影,而是潜移默化的。我国著名的新闻记者、政论家邹韬奋在谈到自己读书和写作的体会时也说:"我所看到的书当然不能都背诵得出,看过了就好像和它分手,彼此好像都忘掉,但是当我拿起笔来写作的时候,只要用得着任何文句或故事,它竟会突然出现于我的脑际,效驰于我的腕下……"所以,我们读过的书是不会白读的,阅读的厚度往往决定了写作的深度和美度。阅读给予我们的是间接经验,而直接经验的获得,则要来源于生活。

三、发展学生思维

人既有内部语言,即思维;又有外部语言,即人们写出来的字或说出来的话。内部语言决定外部语言,有了缜密的思维,才能有畅快的写作。

第六章　提高写作能力：中学语文写作教学设计

学生的思维需要培养。

(一) 发展学生的多样性思维

"人只不过是一根芦苇,是自然界最脆弱的东西,但他是一根能思想的芦苇,他的全部尊严就在于思想。"思维使人获得尊严。

现在,学生写作流行一些套路,如三步作文法,万能作文法,七步定乾坤法。这种模式化的写作方式将鲜活灵动的作文八股化了,将学生的思维牢牢束缚住。语文教学担当着培养学生思维的重任,而写作教学又是训练学生思维很好的平台。所以,身为教师,一定要解放学生的思想,不要给他们太多的限制,这样才能让他们言由心生,说自己真正想说的话。不要用公共话语,假大空的套话来代替学生的真切体验。

(二) 不要被主题所局限

老师经常会说学生的作文立意不高,不要一说作文就拿立意说话。我们提倡在文章中书写光明的、进步的、爱国的、高贵品质的内容,但并不等于除此以外写别的就不行。学生对人生的思考,他们的青春、懵懂、躁动、迷茫与困惑其实都是很好的作文主题。

要使学生对写作初衷不改,从一开始学习写作就要小心翼翼地培养与爱护他们的才情与个性,给他们最充分的写作上的自由与最广阔的表现空间,让他们能尽情抒写自己的喜怒哀乐,表达对社会、人生、自然、历史、文化的本真的感受和幼稚的思考,不装饰地从写作中去享受思想与言语创造的乐趣,享受自我实现的成就感与"高峰体验"。如果学生有感悟,有体会,什么主题都可以写得很好。

(三) 鼓励学生追求真切体验

在学生的很多作文当中,充斥着大量的"悲情故事",相当一部分考生的作文内容不是父母离异,就是父母双亡,然后讲述自己如何战胜脆弱,如何演绎着自己的故事。不惜以"诅咒"自己的双亲,来感动阅卷老师。这种学生思维式话语,虚拟苦难的投机心理,不仅显示了学生阅读面的狭窄,存储量的浅薄,也体现了学生人生价值的缺失与迷茫,作文是学生的精神家园,是他们人生成长的记录。这种假大空的作文,根本没有独特感受与真切体验。难怪有人说,学生的第一次堂而皇之地说谎是从写作文开始的。作文就是"我",是这个世界独一无二的真实的"我"。不要以为写作文就是简单的文字呈现,它是让学生用整个心灵去拥抱生活,作文是学生的情感载体与精神家园。

四、鼓励学生观察生活

中学语文教师要鼓励学生多进行观察,让学生感悟生活,关注社会。生活是一切文学创作的源头活水,它包罗万象,充斥着不平凡的事物。看似单调、重复的学生生活,却也有着各种可以成为文学创作素材的东西。然而很多学生却在抱怨,我们的一天就是从家到学校,是没有生活可言的。正如罗曼·罗兰所说的:"这个世界不是缺少美,而是缺少发现美的眼睛。"学生也不是缺少生活,而是缺少对生活的观察和体验。繁重的课业负担,巨大的考试压力,让学生的感觉神经迟钝,也没有心情去感受其中的新鲜与生动。

在这一点上教师的启迪就极为重要。教师就应该鼓励学生多观察,多思考,事事过心,处处留意。小区里怒放的一树丁香是不是生活?那盎然的春意,浓浓的春情,不会触动你诗意的联想吗?广场上放风筝的孩子是不是生活?那纯真的童年,灿烂的笑容,不会勾起你金色的回忆吗?街角边孤独流浪的歌手,艰难行乞的老人,专注作画的少年,救危扶弱的陌生人是不是生活?那些或沧桑或美好的瞬间,不会激荡起你感情的波涛吗?

要让学生们知道"只要人有心,山川草木皆有情"。做个生活的有心人,不仅是要他们关注身边的人、事、物,还要把眼光放出去,关注时代、社会、家国、民生。引导学生从"小我"走向"大我",从"当下"走向"历史",从"只读圣贤书"的小情怀走向"忧国忧民"的大境界。像对食品安全、节能环保、和平发展等人类普遍话题的思考,都是非常好的作文素材。我们教师一定要让学生成为一个拥有生命激情和思维深度的人。

五、对学生进行客观的评价

中学语文教师应重视评价,让学生感受尊重,获得提升。大部分学

第六章 提高写作能力：中学语文写作教学设计

生在写好一篇作文之后交给老师，最迫不及待的一定是看老师的评语。教师是学生作文的第一个读者，往往也是唯一的读者。教师的评价几乎成了学生写作的全部动力与价值。

教师在评价学生的作文之前，一定要有这样的意识：一页单薄的纸上闪现的文字，不仅是文字本身，这背后是一颗颗细腻活泼的心灵，教师一定要把批阅作文的过程当作与学生的隐性对话的过程，灵魂交流的过程。有的时候孩子们写出来的内容可能比较偏激，比较自我，比较浅薄，然而那却是他们自己灵性的抒发，是他们思想的体现，教师们应该给予及时而合理的纠正，前提是对孩子的文字持有一份真诚的尊重。

六、做好学生的榜样

有些教师指导学生作文滔滔不绝，头头是道，可教师指导完了，学生还是不会写。如果教师率先练笔，那么，他就知道什么样的题目适合学生，学生在审题、选材、立意、谋篇、分段、措辞，甚至运用标点等方面容易出现什么样的问题，教师便会有切实的感受和较为准确，较为深刻的见解。

一个老师是不可能把自己没有的东西教给他的学生的。教师自己会不会写作，对于学生的指导绝对是两种境界，一种是隔靴搔痒，一种是对症下药。所以，语文教师都应该有给学生写范文的意识和能力。学生看着老师和自己一起写文章，笔耕不辍，洋洋洒洒，学生会觉得亲切、真实，敬佩之情油然而生。但是这里需要注意的是，教师的范文要符合学生的写作要求，具有示范性、个性和深度。

很多学生就是因为老师的作文写得好，心生爱慕与景仰才爱上写作的。现在的师范生，一定要加强写作训练，让自己也能写出一手好文章，将来可以自豪而有底气地教你的学生写作文，让学生沐浴在你的才情之下。

第四节　中学语文写作教学设计的策略

一、分析中学语文写作教学的需求

写作教学设计有两层含义：第一层含义是整体的写作教学设计，第二层含义是具体的写作教学设计。整体的写作教学设计是某一学段的写作教学的总体设计，具体的写作教学设计是对某次写作教学的设计。具体的写作教学设计服从整体的写作教学设计，是整体写作教学设计的具体化。这两种写作教学设计是在一定的写作教学理念指导下，针对学生发展的情况，根据教学环境条件的变化，综合考虑师生双方的现有条件和可能的发展空间来设计的。在写作教学中，教师在写作教学设计前，需要分析以下几种需求：

(一) 学生写作需求分析

泰勒认为课程工作者是靠收集和分析与学生的需要和兴趣有关联的资料，而开始寻求教育目标的。各种需要，包括教育的、社会的、职业的、生理的、心理的及娱乐的，被依顺序考虑研究。泰勒建议教师采用观察的方法，包括访问学生，访问学生的父母，问卷调查，以及做关于收集学生资料的测试。通过考查学生的需要和兴趣，课程研制者确立一套潜在的目标。综合起来，需要对学生的写作需求进行三方面的分析："一是指导需求，这是指向语文教师的；二是环境需求，这是指向学生生活的社区、家庭、学校的；三是成长需求，这是指向学生自己的。"[①]

1. 学生写作指导需求分析

一般而言，学生写作指导需求可以从两个方面加以分析：是否需要

---

① 黄甫全. 课程与教学论[M]. 北京：高等教育出版社，2003：176-178.

第六章　提高写作能力：中学语文写作教学设计

指导，需要哪方面的指导。根据以朱静娟为代表的"初中语文开放式作文教学实践研究"课题组研究，绝大部分学生需要教师指导他们写好作文，少数学生不需要教师的指导。在需要教师指导写作的学生中，对作文课中教师的指导方式很不满意。就是说，在哪方面的指导和怎么指导上学生需求很大，但是教师没有满足他们的需求。学生需要教师在写作思路、写作方法方面提供更加切实的指导。学生需要的是教师能让他们对作文课感兴趣，能让他们写自己喜欢写的文章，能让他们有足够的时间去写。因此，教师的写作教学设计必须要基于对学生需求的分析。

2. 学生写作环境需求分析

学生的写作会受到环境的影响。学生生活的社区、家庭、学校对写作能力很重要。生活在不同的社区、家庭、学校的学生对写作的需求是不一样的。写作教学设计之前如果不重视学生写作环境需求的分析，其设计的写作教学目标就很有可能不切实际，不能被学生接受。

3. 学生成长需求分析

不同阶段的学生，处于不同生理、心理发展阶段，具有不同的写作、娱乐爱好和需求。在写作教学设计之前，不可不对这些需求进行调查和分析。根据以朱静娟为代表的"初中语文开放式作文教学实践研究"课题组研究，部分初中生是喜欢写作的，因为作文能够表达内心感受，写作过程是愉快的，写作之后得到肯定。而那些说不清是喜欢还是不喜欢的学生，原因多是违背心意写作文，心情不好的时候写作文，或者面对不喜欢的作文命题写作文等。初中生有了比较强的自我意识，他们渴望得到成人社会和同伴的认可。而写作是自我表达的工具，是他们进入社会交际情境的工具。如果他们觉得这种表达方式能让他们感觉到自己的存在价值，或者能在写作过程中感受到愉悦、成功，他们的写作需求就会得到强化。否则他们的写作需求就会弱化。

学生的写作需求不仅因人而异，而且因时而异。了解学生的成长需求是一个持续的、长期的任务。

(二)当代社会发展所需要的写作能力和写作态度

泰勒建议,课程研制者应该列出一个分类清单,把生活分为不同的方面,比如健康、家庭、娱乐、职业、消费及公民角色。许多潜在的教育目标源于社会的需要,课程研制者必须对社会的需要做出明智的分析。就写作教学而言,语文教师在设计写作教学目标的时候,也要考虑社会发展对写作教学能力和态度提出的要求。

当代社会要求培养现代公民。现代公民所需要的写作能力与写作态度是与现代社会同步发展的。当代社会生活的节奏加快了,写作的速度也要加快,所以就产生了快速作文训练的需求。

当代社会是全球化的社会,需要培养有全球视野的世界公民。世界公民所需要的写作能力和写作态度与全球化社会的特征一致。其最明显的特征就是开放性、理解性、国际性。为了应对这种需求,写作教学的命题形式就发生了变化,如出现材料作文、半命题作文。

当代社会是知识经济社会,这不仅需要培养高素质的人才,也需要高素质的劳动大军。他们都需要具备社会生活需要的写作能力和写作态度。各种行业的应用文写作能力的需求明显增加。

当代社会还是信息化社会,对写作的要求还包括网络化写作。在网络社会中,学生要能利用网络信息平台进行写作训练,能胜任网络平台的信息交流和分享工作,能在信息交流与分享中体验成长的快乐和自身的责任与义务。这种需求是传统的写作教学无法满足的,必须在信息社会的环境中不断去摸索、创造。

(三)学校对写作教学的需求

在写作教学中,教师要把学生的作文需求、社会发展对写作教学的要求,课程标准对写作教学的要求与学校的实际情况结合在一起综合考虑,确定适合的写作教学目标。

1. 本校学生的作文需求

学校之间是有差异的,各个学校学生的学习能力也有很大差异。这就决定了学生作文需求的差异客观存在。要满足本校学生的作文需求,就要考虑本校学生的特点。写作教学设计之前,语文教师应该通过问卷

第六章 提高写作能力：中学语文写作教学设计

和访谈，对自己学校的学生进行作文需求的调查研究，以拟定适应本校学生实际情况的写作教学目标。

2. 本校发展对写作教学的需求

每个学校都有自己的发展规划。这些规划对写作教学的制约作用也是教师需要考虑的因素。学校的发展受制于社会、政治、经济、文化的发展，有地区差异。学校的发展规划既要与社会大环境的发展相适应，同时又必须立足于自身的环境和条件，从实际出发。写作教学也是如此，既要考虑社会发展对学生作文的需求，也要考虑特定的学校发展对学生作文的要求，拟定有校本特色的写作教学目标。

3. 课程标准校本化对写作教学的需求

课程标准是面向全国基础教育学校的，有普适性的特点。然而，学校的语文教学也有自己的历史传统，有一定的条件限制，因此不可能完全按照课程标准去实施，只能让课程标准校本化。教师在进行写作教学设计时，不能照抄课程标准中的写作教学目标，而应该结合本校学生的实际情况，只有这样才有针对性，才会让学生在写作中获得愉快的体验。

(四)学生写作的心理规律需求分析

在写作教学方面，必须遵循中学生写作心理原则，尊重学生自然的秉性，让学生的个性在写作教学中得以发展。

1. 中学生写作的心理原则

作文是一种创造活动。学生的创造才能处于潜伏期，需要给予适当的刺激。他们的创造才能更多的是体现在对新颖的接受，对陈旧的反感、排斥。在作文命题、作文指导、作文批改、作文讲评阶段，都需要教师根据学生的实际情况，结合社会发展的需要进行新颖独到的设计，带领学生走进创造的世界。

作文是一种自我表达。自我表现欲存在于每个人身上，在中学生身上表现得尤其突出。重视自我表现心理是教师对学生能力的承认与尊重。学生在受到环境保护的自我表现中会灵感喷发，阐发一些精辟的见解,并以文章的形式表现出来。如果教师鼓励学生自我表达,展示学生的见解,学生将会产生自我实现的成功感和愉悦感,促使其喜欢写作。

写作是一种交际活动。教师作为学生写作的交际活动对象,如果积极评价学生的作文,并给予充分的肯定,学生写作的意愿就会提升。因此,写作教学设计应该满足学生写作的交际需要,设计更多的师生互动环节,以增强学生写作的需求。

2. 尊重学生的自然秉性

学生是未成年人,他们的社会化有待于完善,这个完善过程需要学校教师的积极参与。作文即做人,教学生写作实际上就是教学生做人。既然是教学生做人,就必须把学生看成未成年人,允许学生出现的"自我中心""情绪化"表达,同时引导他们认识到尊重他人和理性化同样是一种必备的修养。

学生拥有人权、隐私权。在写作教学中,教师应该保护学生的人权,特别是隐私权,不能诱导学生暴露自己的隐私,不能以了解学生为由,偷看学生的私密日记。

学生是受法律保护的群体。作为成人社会的代表,教师有保护学生的责任和义务。教师应教育学生要诚实、守信,让他们在写作中表达真实的自我。

3. 发展学生的个性

大自然造就的每一个人都是独特的。教育应该帮助学生完成成为一个独一无二的个体的愿望,必须尊重学生的个性。教育不可能完全改变学生的天性,但是在学生性格的形成中教育的作用是不能低估的。教师应该通过写作教学,顺应学生的天性,帮助其塑造良好的性格。

二、确定中学语文写作教学的内容

(一)认真审题

题目是文章的纲领,也是写作的依据。文意欲求切题,内容也要相

第六章　提高写作能力：中学语文写作教学设计

吻合,这都要从审题入手。中国古人就对文章的审题特别重视,"凡一题到手,必不可轻易落笔,将通章之书,缓缓背过,细想神理,看其总意何在,分意何在,界限节次何在,此最要诀也"。由此可见,题目是写作的关键,需要小心谨慎地辨析它的意义和界限,审题是为文的第一步。审题分为认清题目,审辨题义,把握重心,辨识文体,决定视角五项。

1. 认清题目

题目上的每一个字,都是写作对象,要指导学生在读题的时候逐字认清读准,不可疏忽,有时候一时疏忽,匆忙下笔就可能出现离题甚远,甚至不知所云的情况。

2. 审辨题义

题义往往分字面意义与内含意义二层,先仔细审查字面意义,然后细细品味其内容。一般来讲字面意义比较容易发挥,所说的也让人一看即懂,但其深度一定不够。如果能体悟其内涵、意义,才能将文章写得深刻,有思想。教师应指导学生深思,不可止于题面。

3. 把握重心

教师要指导学生对题目进行讨论,分析题目之关键所在。有的时候题目涉猎面很大,但是重心应该有所偏重,比如题目是"过生日",那这个题的关键点就要落在"过"这个动词上,文章就要写清"生日"是在什么样的情况下或气氛中"过"的,都有谁参与,是怎样"过"的。

4. 辨识文体

题目属于何种文体,要让学生明确辨认,然后才能决定以何种方式写作,如议论方式、记叙方式、抒情方式等。一般,通过题目,大致就可辨认其体裁,然而有一些题目是适用于多种文体的,教师应予指导,看写哪一种文体最为适宜。

5. 决定视角

写文章的视角很重要,只有视角确定了,才能去思考文章是以第几人称写,以什么身份来写,这些都将决定着行文的语气是否与整篇文章相合宜。

第一人称,如:我、我们。给人以身临其境之感,便于拉近作者与读者的距离,使语境显得更为真切,也比较容易抒发情感和进行心理描写。

第二人称,如:你、你们。不受时间和空间的限制,能够比较自由灵活地反映客观内容。有比较广阔的活动范围,作者可以在这当中选择最典型的事例来展开情节,而没有第一人称写法所受的限制。这种手法,一下子把"我"与"你"的距离拉近了,也把读者和主人公的距离拉近了,读时令人备感亲切。

第三人称,如:他、他们、它、它们。这种叙述则显得比较客观公正,这是以一个冷静的旁观者的身份来进行叙述的方法。

(二)正确立意

审题之后,就要立意了。古人云:"意为文章之枝干,辞为文章之花叶,无意则辞不立,无枝干则花叶难生。"意有主意与分意,主意也称为主旨,就是文章的中心思想。所谓立意,就是指确立中心思想,一篇文章,头绪不宜繁杂,中心思想也最好比较集中。曾国藩在回复陈右铭书中提及:"一篇之内,端绪不宜繁多,譬如万山旁薄,必有主峰;龙衮九章,但挈一领。否则首尾冲决,陈义芜杂……"这里说得非常明确,中心思想就是全文的重心,也是构思取材的依据,更是布置局势、划分段落的基础。没有中心思想,就像群龙无首,如果各执一意,其意必不分明。

分意就是各段各节的主要思想,这些都是用以阐明表述或衬托主旨,以使其成为一篇完整的文章。主旨是否明显有力,很大程度上取决于各段各节的要旨是否周密扼要。所以,教师应该在指导学生审辨题义,揣摩内涵之后,分析研究,选择重心,确立其中心思想。从这个题目的前面、后面、正面、反面、侧面等四面八方探求不同意思,用以衬托表述主旨。

在立意的过程中要注意以下几点:

1. 切合题意

主旨是依据题意所确立的,这个主旨的确立一定要合乎题目要求,只有如此才算是真正的正确。表达出来的思想观点和感情要健康、积极向上,更要合情合理,令人觉得其立论正大,无懈可击。

2. 找准重心

立意须从题旨中最注重之处着手,可以领导全文,可以挈其纲领,令读者知全文精义所在。正应了刘勰在《文心雕龙》附会篇所说的"总文理,统首尾,定与夺,合涯际,弥纶一篇,使杂而不越者也"之意。

3. 欲新尚巧

如果一篇文章的立意能做到"立人所不能立,言人所不能言者",其立意一定新奇巧妙,但是不能为了巧而巧,哗众取宠,流于形式。

4. 出自内心

这种立意还一定要从自己的内心生发出来,完全来自肺腑,而不是人云亦云,套用现成的。所以,虽然是议论文,也是"吾手写吾口",是自己的思考所得,这样的文才能合乎真善美的要求。

(三) 新颖构思

构思是在确立主旨之后,根据题目所做的思考、取材的活动。不同之材料,表现不同的意思,用不同的意思阐明、表述、衬托主旨,加强主旨的力量,明示主旨的地位,而构成一个完整的篇幅体系,这就是构思的功夫。

一般人写作构思,常见两种方式:一种是信笔涂鸦,不假思索,提笔即写。写完上句,再想下句,写完上段,再写下段,写到不能写为止;一种是"成竹在胸",先拟好腹稿,然后提笔而写,一气呵成。第一种方法,直线进行,方法简便,但是东鳞西爪,前后不连贯,而且篇幅简陋,缺少周密的构思。第二种方法,先行打好腹稿,文意完整,面面俱到,而且循序写下来,毫不费力,比第一种要高明一些。但人之思绪,不容易把持,前段写成,后段可能已忘了,若不是长期训练,对这种方法特别熟悉,也很难写好。尤其对于初学者,并不适合。所以,这两种构思方式,都存在一定的问题,并不完善。那哪一种构思的方法较为妥善呢?

有一种方法称为"自由联想"。所谓"自由联想",就像我们前面介绍过的构思方法,在确立题旨之后,按照题目开始四面八方地辐射,由事物表面推及内容,由正方、前后、因果、上下、大小进行各种联想,并将所想到的内容随手记下,其中包括与主旨相关的历史事实、贤哲名言、不朽诗句,或者将自己看到的、想到的、感受到的,三言两语,一句一句,随想随写,都记录下来。其实就相当于"头脑风暴",把由这个题目所想到的所有东西都记录下来。然后将记在纸上的不同意思,不同材料,衡量轻重,加以整理,分析出重点,列出纲要,形成文章的轮廓,这就是"自由联想"的构思方式。这种方式,与前两者相比是有优势的。其好处在于:先定主旨和重点纲要,文意可以周密而不疏漏;文章有层次,有条理,知何者为轻,何者为重,较为生动有力;很多东西不是事先想到的,任凭灵感临时触动,写时可以有意到笔随之乐,文章也不至于那么板滞。

(四)合理剪裁

文旨确立之后,循题目的四面八方寻思索求,希望能够做到立意充分,用以阐述或衬托主旨。当思路敞开,想象飞驰之后,不同意思,不同材料就会源源而来。然而,这其中一定有一些不适于主旨,或不能表明主旨,不合于写作目的的材料,甚至有一些幼稚、浮浅、虚妄、陈腐、俗陋的材料,这都要进行裁剪,谨慎地取舍。否则,乱七八糟混为一谈,很难突显其精神。

剪裁的目的,是删弃不适合的材料,留取合宜的内容,以衬托、表述主旨,令主旨清晰而生动。这都是构思活动之后不可省略的工作。选材要遵循以下几点:

1. 立意统一

材料选取,要和主旨相合,语意前后一致,才能阐明立意,表述思想,否则就会文意不明,让读者产生困扰。

2. 符合目的

写作一定是有目的的,不同文体,不同题目有不同的目的。目的不同,剪裁则亦有所重。你所选择的材料一定要为你的行文目的服务。

3. 意必己出

所用的材料,最好选自亲身的阅读、体验或观察。如果有引述,一定要标明出处,不可为意而造词,或者将人与事假意组合与衔接,更不可抄袭窃取,以免文意生硬而不自然。

4. 繁简得宜

材料的繁和简,并没有必然的标准,不是越简单就越好,当然也不必故意弄得烦琐。如果三言两语能说明白,不必非得长篇大论;如果一定要多些笔墨才能表述清楚,也不是一定要死板地限定字数,一切应以实际需要为依据。

(五) 巧妙布局

剪裁之后所得的材料,加以安排,就可以写成文章,表述主旨,使文章丰满了。但是一篇优秀的文章,一定首尾一贯,前后呼应,层次井然,繁简得当,读起来生动有力。这都需要对所得材料进行适当布局,这是文章组织或结构的问题。

关于布局,向来有所谓的"四法"之说。"作诗有四法:起要平直,承要春容,转要变化,合要渊永。"不唯作诗如此,议论文往往也是遵循这一结构原则,即今人常说的"起、承、转、合"。将这四法大面积用于行文,以作为文章结构的基本要求。"起",即文章的起始;"承",即承接起始之文句;"转",转换另一说法,予以阐发;"合",就是给文章做总结。

文章的开端是通篇的纲领,是一篇文章引人入胜之所在。如果文章的起笔合宜,则通篇顺势,以下就好写了。文章的开端通常有点破题旨的开门见山法;一起笔即揭示文章主旨的重心法;列举相似的事例作譬作为起始,然后引出正意的譬喻法;引用名人名言,作为篇章之首的引用法;以一问一答方式起笔的设问法;先从题之周围着笔,不直接进入本题,待时机成熟,再点出主题的冒题法;以相似或相反的比较做陪衬,以见主题的陪衬法;以记时间起笔本文的叙时法;以感慨、叹惋起笔的感叹法;以解说题文的说明法;提出相反意见,然后予以反驳,以提主题的反驳法;开端即表述自己之意见,以见知于人的议论法;于篇首即提出全篇纲领,然后分别叙述的纲领法。文章开篇的方法多种多样,在选择的时候要想哪种最能为其主旨服务。

正文,是一篇文章的主体部分,全篇结构是否紧凑有力,关键在于正文的安排是否得当。正文的方法,要与开端相配合,以自然顺势为主,其没有一成不变的方法,常见的有演绎法、归纳法、总提总收法、递进法、正反法、虚实法、主宾法、顺叙法、追叙法、正叙法、插叙法、问答法、移进法、杂叙法。这些方法都是正文常见的布局方式,前五项多见于议论文,第六项以后,多见于记叙文与抒情文。总之,正文的发展,并不是上述各项所能尽括的。方法的应用,也无一定之规,教师指导学生习作,应该从基本方法着手,还要注意到不同文体所采用方法的不同。

结尾,文章的结尾与开端同样重要。好的开端,可以引人入胜,引起读者的注意;好的结尾,更能加深读者的印象,增强表达效果,使之回味无穷。结尾常见之方法有以议论总结上文,概括出中心主旨,在议论文中最为常用的总结法;回应首段,使前后一贯,相互照应的照应法;引用名人名言,略为发挥,以下结论的引用法;叙述事实而不予论说评断,令读者自去想象体会的叙述法;以抒写主观情思作为结束的抒情法;以抒发感慨作为结束的感慨法;以疑问作结,造成悬宕,令人深省的疑问法;以提示意见,令对方了解或遵循的提示法。

通过以上的表述,我们似乎可以得出一个结论,文章的布局,既有固定的方法,也无固定的方法。有固定的方法,是就其通常意义而说;无固定的方法,是就其变化而说。所以,在写作教学之中,既要给学生一定的方法,让学生有所遵循,又不要让学生囿于这些方法,而被限制。

(六)学会分段

分段与标点的作用是相同的,可以让文章层次清晰,结构明了,使文章易于阅读,而且可以形成语势,增强文章的力量。学生习作,大多能分段陈述,然而有的分得不合理,有的分得不合适。教师对分段这个看似不起眼的问题还是要做一些指导的。常见的分段方法有以下几种:

第一,以时空为序。以时间或以方位、地势、远近的顺序划分。

第二,以论理为序。先起论,引喻证明,最后结论。或列举事例,然后归纳论断。

第三,以事物纲目为序。依已拟定的提纲,逐事逐物分段。

第六章　提高写作能力：中学语文写作教学设计

第四，以事理的发展为序。按原因、经过、结果等顺序分段。

（七）推敲措辞

构思之后，不同的意念与材料，都要借助文辞来表现。文章的基础，在于字句，刘勰《文心雕龙·章句》篇："夫人之立言，因字而生句，积句而成章，积章而成篇。篇之彪炳，章无疵也；章之明靡，句无玷也；句之清英，字不妄也；振本而末从，知一而万毕矣。"对文辞的重要论述可见一斑。写作的时候，如何使语词适当，句意明确，以至于生动感人，都有赖于遣词造句。写作过程之中，遣词造句是和构思取材同时进行的。为什么在这里要单独列出来，目的是说明的方便，还有一方面就是，措辞也可以在成篇之后进行整理与润饰。因为在取材构思时，无暇去顾及文辞的修饰，意到笔随，要想真的让文章写得词采华茂，生动晓畅，也真得再度揣摩推敲才行。

在遣词这方面要注意的是：平时多积累和识记词汇，尤其是好词佳句，要有多阅读，多收取，多记忆的习惯，谁积累的词汇多，谁在遣词方面就会得心应手，左右逢源。不但如此，还要多体会词义，有些词的意义是丰富而深广的，除字面意义之外，还要体会其所包蕴的深层意义。在使用词语的时候还要注意配合情境。情境包括作者的心境，与读者的关系，文章的上下文，时代与地域的不同及习惯用法的差异等。在写作中，往往有若干词语意义相通，可以表现同一意念，然而因情境不同，遣词的时候，要审慎选择。为了让词义表现得更加灵活，还要提醒学生注意词类活用、修辞手法、文白相间、叠字运用、平仄韵律、一语双关等词类的新活用法。

造句的基本要求与遣词相同，重点在于意义明确，文句通顺。造句与遣词是不能清晰地划分出来的，遣词明确，则造句一定容易理解；词义晦涩，句子自然令人费解。在造句过程中，要注意句子成分的搭配要符合语法规则，还要注意句与句之间意义上的衔接，使文意通顺。

综上所述，以上的七大项目：审题、立意、构思、剪裁、布局、分段、措辞，是作文教学中教师所必须指导的内容。至于指导的时间，可以在写作之前，做扼要说明，也可以在平日范文的教学中随机指示，或另辟时间做有系统的指导。

三、制订中学语文写作教学的计划

(一)制订写作教学计划的依据

制订写作教学计划,必须领会教学大纲精神,在大纲规定的原则指导下,认真开展好两方面活动:了解学生作文心理实际,研究写作教学思想体系。前文已经就学生的需求进行分析,这里重点讲后者。

任何写作教学计划,都以一定的作文教育观为指导,都以一定的教学认识体系为依据。随着写作教学研究的进展,迄今已形成多种写作教学认识体系。它们或体现在独立成编的作文教材里,或体现在阅读教材里。下面列举国内外几种主要的体系。

国内有以下这几种体系:

模仿—创造的体系。这种体系认为创造开始于模仿,模仿是学习写作的基本途径,因而看重范文的作用。每次作文都以一篇或多篇文章为范例,使学生易于上路,利于读写结合。

观察—思维的体系。这种体系认为写作源于生活,培养写作能力的第一步是汲取生活素材。这种体系指导下的写作教学可以加深学生对生活的认识和提高观察思考能力。

文体—综合的体系。这种体系着重文体间的差异,强调不同文体的不同写法和文体的固有训练顺序,从而进行分阶段的(先记叙文,继说明文,再议论文,再多种因素综合)集中训练。这种体系指导下的写作教学较易见效,也利于读写联结。

写作知识—能力体系。这种体系看重写作知识对作文能力提高的作用,以写作知识贯穿写作训练过程。这种体系指导下的写作教学主要是发挥知识促进能力的作用,使写作训练富有理性认识因素。

国外有以下这几种体系:

思维—表达的训练体系。这种体系主要由如下内容和顺序构成:开头(用字、比喻、观察和推论等)→清理思想(下定义、分类说明等)→发现相似点(比较和类推等)→发展的顺序(描写、叙述、过程分析等)→提出主张(争论、说服等)。

第六章 提高写作能力:中学语文写作教学设计

文体训练体系。这种体系的内容和顺序如下:叙述→说明→描写→人物速写→诗文评论→程序→分析→电视、电影等现代宣传手段的评论→意见→辩论与说服→创造性写作→推敲。

文字表达的训练体系。这种体系的要点和顺序如下:句子的实力(描写句、叙述句、说服句,句子的次序,句子的比较等)→段落的实力(开始和结束,段落组织的程序,描写一个事件等)→短文的实力(引言、讨论、描写、人物评议等)。

段落训练体系。这种体系主要由下面几方面构成:通过列举项目展开段落→通过实例展开段落→通过比较展开段落→通过分类展开段落→通过过程描写展开段落→通过概述展开段落等。

国内外各种写作教学体系,相异而又相通,每一种体系都不是完全执着于一个方面而摒弃其他,只是各有侧重而已。然而,它们毕竟基于不同的见解,反映出了不同的写作教学体系观。这自然给我们制订计划,改善教学带来困难,但也给我们以有益的启示。有了科学的写作教学体系观,才能制订出科学的写作教学计划。

(二)写作教学计划的类型

写作教学计划分整体计划、阶段计划和单元计划三种。

1. 整体计划

整体计划即全学程的计划,或为初中三年计划,或为高中三年计划。这种计划,要显示出年级的区别,也要反映出前后的联结关系。

整体计划可以制订得简略些,主要是规定教学目标、文章体类、课题范围、作文次数等,如表6-2所示。

表6-2 初中三年写作教学计划

学年 项目	第一学年	第二学年	第三学年
教学目标	学会叙事,在叙事中表达思想感情	学会说明,通过说明表达事物特征	学会议论,在议论中表达自己的看法

续表

学年\项目	第一学年	第二学年	第三学年
文章体类	记叙文	说明文	议论文
课题范围	写自己和学校的生活	说明生活中常见的事物	议论周围发生的事情
作文次数	14次	14次	14次
其他			

2. 阶段计划

阶段计划一般为学期计划，其内容与整体计划大体相同，但是要把各项内容展开，制订得更实际、具体些，同时还可以增加"作文指导"和"作文处理"等内容。如果制订表格计划，表6-3可供参考。

表6-3　一年一期作文计划

顺次\项目	一次	二次	三次	四次	五次	六次	七次
教学目标							
文章体类							
课题范围							
定题方式							
作文要求							
作文指导							
作文处理							
其他							

3. 单元计划

单元计划即一次作文计划，这样的计划可以按一次作文的过程（写前、写中、写后）来制订。如果制成表格，表6-4可供参考。

表6-4　第×次写作教学指导

	题目和要求	题目、是否限时、文体、字数等
写前指导	定题方式	教师命题或学生自由选题
	取材来源	现实生活、图书资料等
	指导要点	选取材料
写中指导	指导内容	侧重思想方面或语言表达方面
	重点指导对象	某一些学生
	自我修改指导	修改一次或几次
写后指导	批改重点	立意或取材
	批改方式	教师批改、学生批改或师生共同批改
	讲评内容	讲评内容的侧重面
	作文处理	是否出专刊或文集

四、中学语文写作教学的过程设计策略

(一)激发学生潜在的写作动机

第一,教学中的习作要求要尽可能地贴近学生的生活,融入生活元素,让学生在体验的基础上有话可说,有感可写。在设计习作任务时,要选择学生有体验,有感受,经历过的内容,使写作文变成对自身经历切身感受的一种自然表达。作文要求和生活结合越紧密,学生想要表达的情感就越丰富。

例如,2014年上海中考作文题目:这里也有乐趣

写作(60分)题目:这里也有乐趣

要求:(1)写一篇600字左右的文章。

(2)不得透露个人相关信息。

(3)不得抄袭。

题目并无过多要求,只要突出乐趣即可。这个作文题目,有一定的普遍性。生活中,每个人都有自己喜欢做的事。喜欢的事,必定是有一

定的乐趣。中学生看到这个作文题,比较容易联系到自己,一般不会无话可说。

再如,2014年沈阳中考作文题目:传承。

阅读下面的材料,按照要求作文。

伦敦奥运会的主体育场"伦敦碗"全部采用"拼装"工艺连接起来,伦敦奥运会结束后,该体育场被拆卸成一个供市民使用的活动场所。有人疑惑地问伦敦市长鲍里斯·约翰逊:"伦敦碗"被"打碎",本届奥运会的遗产不是少了许多了吗?鲍里斯·约翰逊说,最好的遗产不是保留,而是将一种精神和快乐传承下去,让它深深地扎根于人们的心中,在人们心中开花结果。

请以"传承"为题,写一篇不少于800字的文章。

要求:①立意自定;②角度自选;③除诗歌外,文体自选。

话题作文原本是让学生有话可说,让学生在自己感情表达的基础上,充分展示各自的语言个性与风格,强调个性化和有创意的表达。但是,从此篇作文题目来看,虽然具有时代性,但是与生活联系却不够紧密,这就让中学生看到题目后,产生一种有话说不出或者根本无话可说,无从下手的感觉。

第二,写作教学中减少写作要求,让学生乐于表达,写其所想。有了写作动机,看到作文题目后让学生有话可说只是写作教学的前提;减少(或降低)写作要求,让学生乐于表达,写其所想。具体操作是:给出话题,而不强制更多的条件,如文体、题目等。

只有减少了限制学生写作的条条框框,才能给学生更加广阔的构思空间,才能真正做到畅所欲言,写"真"作文。但是减少了写作的条件,并不是不加任何限制,在写作教学的实践中,要强化学生对习作技巧的运用。在写作教学的实践中减少对作文理论知识的讲解,加强学生对写作技巧的练习。

(二)提供有效指导,让学生学会有技巧地表达

在写作教学实践中,学生作为学习者,要做到顺畅地表情达意,除了掌握作文的普遍规范,还需要教师提供有针对性的专项指导。具体而言,专项指导可以从三方面入手:主旨指导、作文材料专题指导、结构指导。

第六章　提高写作能力：中学语文写作教学设计

1. 主旨指导主要从审题、拟题、确立主题三方面对学生进行指导

关于审题，就是要针对作文题目，准确把握作文要求，分析判断，确定主题。审题既是构思的第一步，也是立意的第一步。没有准确地审题，作文就可能偏离要求，所以准确审题是准确确定主题的第一步。常见的作文主题大概可以分为三类：第一类是话题多元类作文。这类话题作文要求相对宽松，容易促使多元化思考。这时就需要有创意的审题角度。可以启发学生从多个角度进行思考，也可以促使生生之间进行讨论，形成学生之间相互启发的局面。第二类是主题隐藏类作文。一般是让学生通过审题和主动思考将主题挖掘出来。给出的题目有一定的指向性，如寓言、象征类的作文题目。第三类是主题明确类作文。指向性明确，只需要学生审题并按要求写作即可，如命题作文、半命题作文，这类题目比较容易把握。

关于拟题，就是学生思考后自拟题目。语文新课标提倡学生自主拟题，尽量少写命题作文。提倡学生拟题是为学生自主写作提供有利的条件和广阔的空间，减少对学生思维的束缚，鼓励学生进行自由表达和创意表达的重要措施。然而自主拟题看似对学生的要求降低了，实则是对学生语文素质要求的提高。好的题目可以揭示主旨，概括主题，提示线索，引起人的兴趣，所以拟定好的作文题目，难度不小。

一般拟题需要注意两个方面：一方面，是要符合作文题目的基本要求。题目要准确贴切，不可文不对题或者含糊其词，最好要新颖独特。另一方面，从问题角度出发，不同的文体在拟题上也要有所区分，让人一眼就能看出来。如记叙文以记叙要素为题，以人为题，也可以事为题，或者以时间地点为题。

关于确立主题。要考虑到学生面对作文任务时，其初始感受可能是一句话、一个人或者一个画面。这时候就要确立正确的主题：要正确，要集中，要有新意。要正确是指取向正确，体现真善美；集中就是指全文只有一个主题，不可出现多个主题；新意就是指创新，不要总是陈词滥调、人云亦云。

2. 材料专题指导可以从材料积累、使用等方面向学生提供帮助

在写作教学实践中，材料可以分为三类：直接材料、间接材料和发展性材料。直接材料就是亲身经历、观察等。这类材料,学生比较容易获得,但大多都是混乱的。需要指导他们将亲身获得的资料进行归纳和思考,使杂乱的原生态材料得到梳理,同时要特别指导学生从多角度观察、体验和思考。间接材料就是来自各种媒介,包括纸质媒体、网络等。这类材料需要教师介绍积累的方法,如摘录,写摘要,反复背诵等。发展性材料则是学生对直接和间接材料的加工思考的结果,所以要求学生养成多观察和思考整理的习惯。这是获得和积累发展性材料的基本途径。

关于材料的使用,主要是裁剪和组合。裁剪就是对作文材料进行取舍和详略处理。在作文中,对材料的详略处理尤为重要;对表现主题起主要作用的材料要详写,辅助材料略写;新颖的材料要详,老旧的材料要略;突出强调的要详,含蓄委婉的要略等。同时要让学生特别注意的是,略写的材料并不是可有可无。因为如果没有了略,那么就无所谓详了。组合就是根据所选使用材料的相互关系,将它们相互配合、组织,目的是增强文章的整体效果。要引导学生特别注意材料之间的内在联系,使文章材料相互支持,而不产生排斥效果。

3. 结构指导主要是引导学生掌握基本的结构模式

结构不仅仅是形式技巧的问题,结构的核心反映思维。要引导学生掌握基本的结构模式,鼓励学生综合运用各种模式,最终具有创新意识,突破模式。一篇文章总要安排先写什么,后写什么,如何安排文章的顺序,便是学生在写作的结构方面需要的指导。

对学生作文结构的引导,就是对学生思维的引导。具体而言,就是要引导学生通过安排文章结构,更好地为表达文章主题服务。教学中,既要为学生提供一般的作文结构模式,又要鼓励学生综合运用多种结构模式,使之在结构模式上有所突破,进行创新。

然而专项指导并不是单独进行的,作文教学实践中在进行专项指导时,既要有侧重又要全面兼顾。

五、中学语文写作教学评改的设计策略

(一)多元互动作文评改模式

传统的作文评改仅是教师用一支笔批改,是一言堂;多元互动作文

评改模式改变了教师的一言堂模式,让更多的人以更有效的方式走了进来。

1. 集体批改

每次作文写作结束之后,教师都要从班级中选取有代表性的学生习作,在全班公开讲评批改。被选出来的作文一定要具有代表性,既不是特别好的范文,又不是问题较多的文章。选择出来的文章应该有比较突出的优点,供全班同学学习;也应该有大家普遍存在的问题,让其他同学引以为戒。集体批改的作文每次可以进行的篇目比较少,但是可以做到精批细改,全班同学都可以发表看法,各抒己见。教师要在批改之前,和被批改的学生做好沟通,经得作者的同意,以免触犯学生的隐私和造成不必要的尴尬。

2. 小组批改

教师可以根据学生写作水平的高低搭配组成作文批改小组,每 4—5 人一小组,小组间交叉批改,然后每组选出 1—2 本有代表性的作文,向全班阐述本组的批改意见,然后各组间进行交流。这种方式一次性批改的作文量会比较大,同学之间可以讨论和对作文发表自己的看法,并且可以了解其他同学的写作水平,便于同学们互相学习,相互影响,共同提高。

3. 学生互改

两个同学之间互相批改,写自己的,批改别人的,一文两作,效率最高。但在实际运用中,往往达不到批改效果。因为,批改需要较高的写作能力,有一些水平相对较弱的同学很难把握同学的作文水平,批改水平堪忧。

4. 自我修改

教师先看大部分作文,掌握了共同的优缺点,又进行集体讲评之后(第一种方法),让学生按教师要求去修改自己的文章。教师在让学生自我修改之前可以提出比较有建设性的意见:画出你作文中作假的地方,换成真实的内容;把你文章中可有可无的话删掉;把大家都可以写出来的话,比较俗气的部分换成新颖的表达;把题目换成更有深意的;等等。让学生自我修改是一个好的方法,很多好作文是改出来的。教师让学生修改之后,要让学生学会总结,如果一个学生学会了自己修改文章,那他的写作水平一定会提高一个层次。

5. 当堂口头批改

指定一个学生在全班朗读自己的作文,其中被指定的朗读者,可以是教师在巡视中发现有代表性优缺点的学生,也可以是学生自告奋勇要求批改的。师生边听边记优缺点,待到朗读的同学读完后,同学们评价其优劣,并提出修改意见。这种做法的优点是省时省事,简便易行,一节课可以批改多篇,既锻炼了学生的听力、注意力和思维能力,也锻炼了其口语表达能力。同学们在听的过程中还可以做到取人之长,补己之短。缺点是因为读的过程比较快,所以很难听得很细致具体,大家所提出的意见是不是都合理,还需要进一步斟酌。

6. 评比竞赛

把学生分成小组,将各组推举出来的优秀文章抄出来,张贴在教室墙上,过一段时间后,组织学生评比,评比全班最佳作文。这种方式可以调动学生的积极性,写出好文章。评比的过程也是一个学习过程,每个同学要看十几篇他人的作文。如果自己写得好,被人欣赏,会让自己更加努力;如果看到别人写得好,会见贤思齐,争取赶上他人。这也是一个榜样的作用。

7. 家长评改

家长也可以成为学生作文的评改者。这种家长评改,可以是家长改自家孩子的作文,也可以是交换式评改,家长评改孩子的同学的作文。这种方式可以把家长的参与意识调动起来,以后会对孩子的作文多一些关注,并且也有助于家长了解其他学生的作文水平。

8. 网络评改

现在的信息技术如此发达,教师可以把学生的作文传到网络平台上,同学们在上面各抒己见,进行评改留言。这种方式可以隐去真实姓名,大大调动学生的积极性,使学生们的兴致更高。

丰富的作文评改方式,让枯燥的、单向的、封闭的作文评改活动,变成了生动的、多元的、开放的模式。

(二)教师要擅长写评语

作文的评改方式越来越丰富多元,但是都无法取代教师的传统评改。这种方式依然是最有效、学生最在意的方式。教师的作文评改,主要是以作文评语的方式反馈给学生,学生拿到作文本,都非常关注教师写了些什么。细腻敏感的中学生们,会通过评语来揣摩老师对他的感情,是喜欢还是厌恶,是欣赏还是冷漠。教师们要善写评语,让作文教学评语成为向学生传递作文技巧和心灵沟通的平台。

1. 评语宜具体易懂,忌抽象笼统

教师的评语中经常会出现这样的表述:生活气息不浓,描写不细腻,中心不突出,层次不清楚。这些套话,概括性太强,学生听起来会不疼不痒,不知道老师具体在说什么,所以往往会不予理睬。如果教师的评语能更具体一些,提示性更强一些,就会大大增强其操作性。比如:"你的房间太令人向往了,可是我们没有机会亲自去观赏,你能不能把房间里的摆设按照一定的空间顺序,再详细一些介绍给我们呢?"

2. 评语宜启发探讨,忌武断批驳

有些学生的作文确实存在很大的问题,这其中有水平问题,也有态度问题,这时候批作文的老师往往按捺不住,会在作文的后面生气地写上:"字数不够,补齐!""书写差,重写!""一看就是编的!""题目不好,换一个!""结尾气势不够!"当学生们面对这样的评语时,往往连同老师生气的目光和写评语时愤怒的表情一起"读"了出来。有的学生会乖乖改过来,也有一些会觉得老师过于武断,反而产生逆反心理,或是应付了事。学生或多或少与教师有一定的代沟,但他们又期望能够多与教师沟通、探讨,能和教师建立一种平等和谐的关系。

除非学生的作文有明显的问题,否则教师不应轻易下断语,如果教师采取探讨性的方式,以"朋友"的身份,在评语中既尊重学生又客观评价,学生在心理上就更容易接受。

3. 评语宜欣赏激励,忌大删大改

一些教师平时改作文,都拿出愚公移山的精神,力求做到"精批细改":修改错别字,调整语句,甚至大段删减,大段添加。一篇作文改下来,变得面目全非,其中罗列了大大小小的毛病,加上了各种各样的意见。如果学生看到作文本上"满堂红",那么一定会产生紧张情绪和挫败感。

学生的作文大多凝聚了自己创作的心血,学生渴望交流,渴望得到肯定和赞赏,尤其容易产生自卑的学生,教师要更多地给予赏识和鼓励。所以,教师写作文评语时一定要饱含热情,让学生感到教师对他的赏识和鼓励,从每次作文中看到希望,从而激发写作积极性,达到提高写作水平的目的。

4. 评语宜幽默风趣,忌枯燥无味

用幽默的方式说出严肃的道理,比直截了当提出更能为人接受。幽默是教师的一种高超的教学艺术和风格,甚至是一种教学智慧。一位老师在批改学生的作文时发现,学生写自己拾到一万元钱归还失主,事迹被登报表扬的事。这位老师有点怀疑这件事的真实性,但又怕万一猜错了伤了学生的自尊。于是老师在评语中智慧地写道:"你拾金不昧的行为值得大家学习,能否拿来那张报纸让老师把你的先进事迹向同学们宣读呢?"这学生第二天找老师说,这故事是自己编造的。

5. 评语宜以情动人,忌冷漠待之

一个学生,得到表扬,他会努力再进步;得到批评,会激起他的斗志。学生最怕的是老师冷漠待之,这对学生来讲,是最大的伤害。如果老师的作文评语只是一个"阅",或只打一个分数,这就表明教师对学生不关注的态度,同样,学生可能也是看一眼就放桌格里了,作文评价根本就起不到作用。

学生对老师的评语,最关心的不一定是技能技巧的指点,得失优劣的评价,他会颇费心思地从评语的字里行间窥察老师对自己的态度,是热情、扶持,还是冷漠、厌弃。孩子多么希望从评语中看到教师对自己的

第六章 提高写作能力：中学语文写作教学设计

肯定啊！所以教师的评语要以情动人，以己心去发现他心，让学生在评语中感觉到老师用心关注他，用情欣赏他，用爱温暖他。

对学生作文，教师要本着宽容而不失原则，赏识而不虚伪赞美的态度。既要看到优点，又要看到不足；既要看到现有水平，又要看到以后的发展，从而做出适当的评价。

作文评语是师生交流的隐性平台，也可以培养学生的人文素养，这个阵地，教师一定要守好。作文是最富有人性的，通过作文，教师可以看出学生在成长过程中有太多太多的疑问和困惑，有太多太多的理想和欲望，他们太需要老师的释疑解难，关心爱护及教育引导。作文应站在"人性化教育"的最前沿。富有"人文关怀"的作文评语是师生感情沟通的第一渠道。沟通，就意味着走进学生的心灵，而走进学生心灵的教育无疑才是成功的教育。

第七章　提高文学鉴赏能力：中学语文不同体裁的教学设计

　　文学鉴赏力是中学考试的重要考核点,在中学语文教学内容中占据着重要地位。提高中学生的文学鉴赏能力不仅可以丰富学生的精神世界,还可以形成学生对文学内容的独立观点,具有十分重要的现实意义。在中学课堂中,主要通过对不同体裁文章的学习来提高学生的文学鉴赏能力,因此教师要进行语文课程中不同体裁的教学设计,让学生在进行文学鉴赏的时候,丰富自己的精神世界,并对文学内容的理解形成自己的独到见解。

第一节　说明文的教学设计

一、说明文的内涵

(一)说明文的概念

　　说明文是一种具有很强实用性的文体,它的内容来自客观世界,且直接为客观生活、社会服务。

　　说明文反映的客观事物非常广泛,地球上生存的一切动物、植物、人类在工农业生产和科学技术研究中所获得的一切成果,以及某些艺术作品——雕刻、绘画和优秀的建筑等,都是说明文写作的题材。一般说来,

第七章　提高文学鉴赏能力：中学语文不同体裁的教学设计

人们对于这些事物进行观察、调查、分析、研究，经过或长或短的一段时间，就会获得对于这些事物的理性认识，认识它们的特征、本质及规律性等。依据这些事物的实际情况进行分析综合，然后把这些事物的特征、本质及规律性等解说明白，就是说明文。说明事物，往往要解说它的形状、构造、成因、方法、关系、效能、用途等，而解说的主要点则是事物的特征、本质及规律性。

（二）说明文的特征

1. 说明性

说明文以说明为主要表达方式，因而说明性是说明文区别于其他文体的主要特点。说明文是要客观地介绍事物或说明事理，偏重于冷静客观地介绍和阐释，不带有主观随意性。有时出于表达的需要，间或使用记叙、描写、议论的表达方式加以辅助，共同实现向读者传递知识和方法的目的。

2. 知识性

说明文着眼于解说和传播某些已经得到公认的知识或方法，或是介绍社会科学知识，或是介绍自然科学知识，目的在于通过说明事物，使人对事物的形状、性质、成因、功用或某种事理等产生比较清晰的认识，从而使读者了解某些知识，因此具有较强的知识性。

3. 科学性

说明文要求通过准确、合理、恰当的定义、论断、解说，给读者传递明确的科学知识，所以，说明文在传播、介绍知识时必须科学、准确，能客观真实地反映事物的本来面目及其规律性，拒绝主观随意性。不管是复杂的科学技术的介绍，深刻的事理阐释还是简单实用的说明书，都必须以科学、确凿的材料作为依据，都必须符合客观实际。

4. 明晰性

说明文区别于文学类作品最鲜明的特点就是语言明白，不粉饰，不含蓄,用明确清晰的词句将事物的特点或事理说得清晰明了。当然,强调说明文语言的明晰性,也不是置语言的文学性于不顾。叶圣陶曾说过:"说明文不一定就是板起面孔来说话,说明文未尝不可以带一点风趣。""带一点风趣"就是指作者为了"说"得"明",可以适当地进行生动的描述,运用一些修辞手法,这就是说明文语言的形象性。

5. 条理性

说明文的说明一定要有条理和顺序。说明的顺序,是按照事物本身的条理和人的认识规律来安排的。比如介绍景物、建筑,多是根据地理环境、方位布局来安排;介绍事物源出、演变,多是按照时间的先后顺序来安排;阐述事理,又多按照事物的逻辑顺序来安排。总之,说明文是按照一定的顺序,由表及里,由实到虚,由分到合,由远及近,由浅到深,逐步阐述。

(三)说明文的类型

依据不同的说明对象与说明目的,把说明文分为事物说明文和事理说明文两大类。如果说明对象是具体事物,说明目的是使读者了解、认识这个或这类事物的特征,我们称之为事物说明文,如《说"屏"》《中国石拱桥》等;如果说明对象是某个抽象事理,说明目的是使读者明白这个事理,我们称之为事理说明文,如《作为生物的社会》《动物游戏之谜》等。

从说明文的用途和写作笔法上看,可以把说明文分为实用性说明文和文艺性说明文两大类。实用性说明文主要是解说词、说明书和一般科技说明文。文艺性说明文是通篇多用文艺性的笔法对说明的事物进行生动活泼的描绘,又称作"科学小品文"。中学语文教材中的说明文,大都属于文艺性说明文。

根据说明语言的不同特色,表达方式的使用情况的不同,把说明文分为平实的说明文和生动的说明文两种。平实说明文是指说明语言不描写,不夸张,直截了当地说明对象性质和特征的说明文。选用平实说明的说明文一般是以解释科学原理,说明制作过程、步骤,或介绍建筑物等为主的文章。生动说明文是指说明语言生动形象,易于引起读者的兴趣的说明文。这类说明文或是使用比喻、拟人等修辞方法,使被说明的事物形象性加强,使文章在准确性的基础上更添真实性和生活情趣,易

第七章 提高文学鉴赏能力：中学语文不同体裁的教学设计

于让人接受，抑或适当运用叙述和描写，可使被说明事物栩栩如生，而不枯燥无味。有的文章中，平实和生动是可以兼备的。总之，在准确的基础上，说明文的语言风格是可以灵活、多样的。

二、说明文教学的设计策略

说明文的教学设计既要注重学生语文基本能力的培养，又要关注科学精神、科学态度和科学思维方法的培养，努力追求二者的交融整合，不但可以提高学生的学习兴趣，而且还能增强学习效果。具体来说，说明文的教学设计必须围绕以下几点来进行：

（一）理清教学内容，建构说明文知识体系

说明文的作用是向读者介绍某种事物的知识、特性或某种事理，所以，说明文重在运用各种说明方法，将所要说明的对象分层次、先后、主次地描述清楚，达到掌握新知识，认识新事物的目的。一般来说，学生在读说明文时总是被所说明对象的特性所吸引，而不大注意作者的说明方法、说明技巧、说明思路、说明语言。说明文的阅读、写作能力必须由适当的知识来建构，说明文知识结构既包括静态的陈述性知识，也包括动态地引导学生掌握阅读和写作说明文能力的程序性知识和策略性知识。

静态的陈述性知识主要包括所阅读文本的具体内容（包括说明对象，具体的字、词、句等）和说明文的文体知识（包括说明的顺序，说明文结构，说明的方法，说明的语言等）。教师应从这些具体内容和知识中寻找突破，引导学生建构说明文知识结构。

1. 说明文结构

在理清说明顺序的基础上，分析段与段，部分与部分之间的关系，就容易看出文章的基本结构了。说明文的结构一般包括总分式和递进式两种类型。

在进行说明文结构方面的知识教学时，如果是总—分式的结构还要着重分析"分"的部分是按什么原则组合的，是并列，是递进，还是包含有总分关系。递进式结构要着重分析各层意思是怎样逐步深入展开的，是由现象到本质，还是由个别到一般，或是从结果到原因等。把握结构后，

最好能引导学生列出结构示意图。这样,在理清说明顺序,把握文章结构的基础上,再归纳说明中心也就不难了。

2. 说明的方法

(1)定义说明

用精练概括的语言,对某一事物的本质属性或某一概念的内涵和外延做出确切的说明称为定义说明。说明使用定义和诠释,必须注意定义的准确,表述的完整和严格,使人无隙可乘。解释和下定义都是为了说明事物的本质特征,但是也只能给人以概括的印象,不能使人得到具体的感受。

(2)举例说明

举例是一种用列举代表性的例子来反映情况,把抽象或复杂的事物说得具体而明晰的方法。举例说明的方法应该选取事物和现象中最有代表性的实例,一次说明事物现象的共同点和共同规律,这也是使用具有代表性的事物把说明具体化的一种方法。

(3)分类说明

当说明的对象比较复杂,从单方面不易说清楚时,往往可以先按照一定的标准,如形状、性质、成因、关系、功用等,将被说明的事物分成若干类,然后再按这些类别逐一加以说明。也就是说,可以把事物按照一定的标准和范围,分成几点或几个方面加以说明,这种说明的方法就叫作分类说明。

(4)数据说明

数据说明指的是列举数据来对对象进行解说,以突出其性质、特点和功用等。需要注意的是,使用数据说明法进行说明的时候,所使用的数字必须准确,定数为定数,约数为约数。

(5)描摹

描摹指在说明文中,用语言文字如实地记录事物的形态、特性,使人如亲眼所见一般清楚、明白,这种说明方法又叫摹写。如张衡发明的地动仪虽早已失传,但《后汉书》中有这样一段关于地动仪的外部形状的说明:"以精铜铸成,员径八尺,合盖隆起,形似酒尊,饰以篆文山龟鸟兽之形……外有八龙,首衔铜丸,下有蟾蜍,张口承之。"后人根据这一段文字终于复制出了这部造型奇特,十分灵敏的仪器——"候风地动仪"。可见

第七章 提高文学鉴赏能力：中学语文不同体裁的教学设计

说明事物的形状有多么重要的作用。

(6)图表说明

这是一种通过绘制示意图或表格等来对说明对象进行解说的方法。其目的是使说明对象具有具体、形象、简明的直观性。比如《统筹方法》中，就运用了三幅"箭头图"表示工序来辅助文字说明，这样既做了直观演示，又做了过程比较，使道理浅显易懂。

在具体运用时，这些说明方法有时单独出现，有时综合运用。但不论用哪种使用说明方法，都必须适宜、明晰、实在、得体、恰如其分地说明事物或事理，这样才能达到理想的说明效果。

3. 说明的语言

说明文的语言的最大特点是准确、简明。

准确，就是恰如其分地说明事物的面貌、状态、性质、特点、变化、规律等，不夸大，不缩小，不走样，不遗漏。首先是实事求是，科学严谨。其次要正确地运用和解说概念，无论是下定义，还是进行解释，都要表达得严密无误。为了准确地说明事物，说明文还特别注意词句的锤炼和修饰语的恰当运用，如："我国石拱桥的设计施工有优良传统，建成的桥，用料省，结构巧，强度高。"后面三个排比短语，准确地揭示了我国石拱桥建筑的特征和优点，句式整齐，用词精当。修饰语对说明的对象进行限制，能使事物的特征鲜明地突显出来，使作者的解说更有分寸，合乎实际。

简明，首先指语言表达得明白，其次才强调表达得简洁，如果说而不明，简洁还有什么意义？被说明的事物、知识常常是比较复杂的，要使它们为人们所接受、了解，就要用明白晓畅的语言解说。当然，说明文并非不要文采。作者可以适当地进行生动描述，科学小品还可以采用文艺形式来表现，但是，总体说来，说明文的语言是讲求平实、清晰的。简洁是在明白晓畅的基础上更高一步的要求。不堆砌造作，不拖泥带水，每一词句都发挥说明事物的作用，这就是简洁。

除了引导学生掌握说明文教学中的陈述性知识，更重要的是教师要借助恰当的语文教学设计引导学生掌握学习阅读和写作说明文的操作步骤和方法，即说明文的程序性知识和策略性知识。如怎样抓住事物的特征，如何依据不同的说明对象理清作者的思路，如何恰当地运用说明方法，怎样揣摩和运用说明文的语言，如何制订阅读计划和考虑自我评价的方法等。逐渐地,通过举一反三的练习,使学生建构合理的说明文知识结构,能够独立地阅读、思考和写作说明文。

(二)加强思维和言语训练,提高学生的言语能力

中学生的思维辨析能力还不够强,因而看问题比较片面,也容易表面化,教师在点燃学生求知探索的兴趣后,还应该加强其思维训练。如在讲《阿西莫夫短文两篇》时,问:"当风把沙子吹走后,沙子是不是就没有了呢?"同学们都回答"不是",然后接着问"那它们跑到哪儿去了呢?",同学们五花八门回答后,再让同学们阅读课文,同学们自然会说:"经过长期的重压和胶结,那些碎石和泥沙重新形成了岩石。"这时就要引导:"许多事物表面上是不存在了,而实际是换了一种存在方式。"从而告诉同学们,世界是物质的,物质是运动的,运动是有规律的,进而让学生体会到物质不灭,通过这种思维训练提高学生的概括归纳能力。接下来就要"趁热打铁",引导学生进行推理训练。比如结合《阿西莫夫短文两篇》中《恐龙无处不在》一文提问:"在南极洲的冰天雪地中,发现了恐龙的化石,这说明南极大陆上有恐龙,但恐龙不能在寒冷的环境中生存,这些恐龙是怎么成长起来的呢?"恐龙不可能自己游过去,只能做反向思维。这种推理可以让学生读课文后概括作者的思维过程,也可以让同学们自己推理,然后在课文中印证。

《语文课程标准》对于语文素养培养目标的表述也涉及说明文语文教学的价值取向:"阅读说明性文章,能抓住要点,了解文章的基本说明方法。""阅读科技作品,注意领会作品中所体现的科学精神和科学思想方法。""写简单的说明文,做到明白清楚。"这样的培养目标体现了语文工具性与人文性的统一。落实到说明文教学中,教师首先应区别说明文的阅读"原生价值(传播的信息)"和"教学价值(如何传播信息)",把握好工具性与人文性的关系,确定说明文教学内容的重点。因此我们可以这样说,说明文"如何传播信息"是语文教学的重点,而把握文章所"传播的信息"是实现"教学价值"的必由之路。同样的道理,语文课程中人文精神的教育应该渗透在语文能力的培养过程中,而不是赤裸裸地单独提炼出来。

总之,教给学生筛选、组合、概括、演绎等言语能力,是考试要考察的一项重要能力,更是说明文教学设计的重要教学目标。说明文课堂教学设计,不能简单地停留在读读课文,对事物表面现象的理解上,而要把重

第七章 提高文学鉴赏能力：中学语文不同体裁的教学设计

点放在如何培养学生的认识能力和良好的言语思维训练上。

(三)有效拓展延伸,适时地渗透科学精神与人文精神

《语文课程标准》强调说明文教学在知识传授、能力培养的同时,要适时地渗透科学精神和人文精神,因此,在说明文教学设计时,教师要充分挖掘教材资源,发现说明文中所渗透的情感与精神,不失时机地对学生进行人文教育、情感教育,通过巧妙的设计和引导,让学生在潜移默化的学习活动中逐渐具备一定的科学素养和人文素养。例如《奇妙的克隆》能够培养学生全面、客观、辩证地看待对科学技术发展的态度。再如《一名物理学家的教育历程》并非简单地叙述成长的故事,而是具有深刻的科学精神内涵的,语文教师应当让学生从中思考哪些方面的"教育"对成为优秀科学家最为重要。让学生体会到科学是需要想象力的,想象力能带来创造力;科学不应该是枯燥的,而应该是充满乐趣的,探寻自然的奥秘,对真正的科学工作者来说,是和自然做的近似于捉迷藏的"游戏",这也是人生的"境界","游戏"使他们乐此不疲,充满激情,不受外界的诱惑和干扰,而"境界"使他们不顾功利,不畏强权,只求真理。当然,有了想象力,有了乐趣,那只是成为科学家的最基础的因素,不去踏踏实实地做实验,就不能得到基本数据,假说就不能确立,一味地空想,不去做基础工作,也不可能达到真理的彼岸。这种科学精神、人文精神方面的思考会逐渐使学生的思维品质、人格素养得以提升,因而在说明文教学设计中是不容忽略的。

第二节 议论文的教学设计

一、议论文的内涵

议论文是通过摆事实,讲道理,辨是非,对某个问题或某件事情进行评论,从而表明观点的文体。

一般来说,议论文包括论点、论据和论证三个要素。其中,论点是议论文的基石,也是文章的主题句、中心句,表明了作者对某一问题所持的态度或看法;论据是用来证明论点的根据,有事实论据、理论论据、对比论证、引经据典等多种论证方法;论证就像一条红线,把需要的论据围绕着论点组织起来,贯穿在一起。

二、议论文的教学设计的内容

中学语文议论文的教学设计,要以中学语文教学大纲所规定的中学议论文教学的总体目标为依据,按照科学化、序列化的要求,制定出不同阶段、层次的教学设计。一般来说,中学议论文的教学设计主要包括单元设计和课题设计两个方面。

(一)议论文的单元设计

议论文的单元设计,就是对教学整个单元的论文的总体设计,需要包括以下几方面的内容:

1. 制订明确的议论文单元教学要求

议论文单元的教学要求是议论文教学总体目标的一个有机组成部分,所以制订一个单元的议论文教学要求时,要看一看整个学期甚至整个学年的议论文教学要求,弄清其在整个序列结构中的地位和作用,便于前勾后连,增强教学的目的性和系统性。

此外,在制订议论文单元教学要求时,要切实从教材实际出发,兼顾语文教育(包括知识和能力)与思想教育两个方面的内容。

2. 明确议论文单元教学的基本课型

在当前中学语文教学中,议论文单元教学的课型主要有以下几种:

第一,讲读带自读,即按课文顺序,教师精讲讲读课文,以一反三,带动和指导学生课内外的自读。

第二,比较阅读型,即根据单元教学重点,以单元的知识点或训练点为中心,在阅读课文的基础上,对各篇进行综合比较,分析异同,总结规律性的知识。

第三,精读、导读和自读结合型,即按课文顺序,教师精讲一篇,导读

第七章 提高文学鉴赏能力:中学语文不同体裁的教学设计

一篇,其余指导学生自读,而导读一环则作为由讲读到自读的过渡。

第四,单元串联型,即根据本单元教学要求,以本单元为中心,联系其他有关单元的课文,进行分析比较,综合归纳,开拓学生的思路,使学生获得全面、系统的知识或能力。

3. 明确议论文单元教学的程序

一般来说,议论文单元教学的课型不同,具体的教学程序也会有一定的差异。但是,根据议论文单元教学的特点和要求,有几个环节是必须要注意到的:

第一,单元课开始,要揭示单元学习的重点和内容,使学生方向明确;并简要讲述与本单元有关的议论文读写知识,使学生在理解课文内容时有所遵循。

第二,要有单元小结。小结的任务是比较单元各课的异同,总结规律,使知识系统化、条理化。小结的形式,可以以教师为主,也可以以学生为主,或者师生结合;可以书面总结,也可以口头总结。

第三,要有单元的知识检测和读写的能力训练。

4. 制订单元的课时计划

在对单元的课时计划进行制订时,要以课时为单位,确定每一课时的具体的教学内容和教学步骤,包括课文的阅读、讲解,练习的处理,作业的布置,以及所采取的教学方式和方法。此外,在制订课时计划时,必须紧紧围绕单元教学的重点进行。

(二)议论文的课题设计

议论文的课题设计,也就是教学每篇议论文的具体设计。由于教材对每篇议论文的教学方式(讲读或自读)已经做了规定,所以课题设计实际也就是课文的课型设计,主要包括讲读课型和自读课型两类。课型不同,教学设计的要求也不同。

1. 议论文讲读课型的设计

在进行议论文讲读课型的设计时,需要包括以下几个要点:

第一,确定教学目的。讲读课文是体现单元教学要求的重点课文,所以所确定的教学目的要尽可能体现单元要求,并要有明确、具体、集中、简练的语言表达。

第二,讲读一篇课文是不可能做到面面俱到的,因而要紧扣教学目的,精选教学内容,突出教学重点。

第三,要引导学生在理解的基础上阅读课文,以更好地把握议论文的论点、论题、论据等。

2. 议论文自读课型的设计

在进行议论文自读课型的设计时,需要包括以下几个要点:

第一,确定教学目的。自读课型的教学目的在体现单元教学要求的同时,要注意其个性,以开拓学生的思路,丰富学生的知识。

第二,确定指导自读的步骤和方法。一是让学生阅读课文"自凑提示",了解本文内容和形式的特点,进而提出自读要求(或问题);二是让学生自读课文,按要求(或问题)整理答案,准备讨论;三是师生之间,学生和学生之间就问题展开讨论,并进行小结。

第三,设计检查自读效果的方式。有口头和书面两种方式,检查的内容应依据自读要求,同时要兼顾字词语句等基础知识。

第三节 散文的教学设计

一、散文教学设计的原则

散文教学设计的原则包括以下几方面:

(一)整体性原则

中学散文教学必须遵循整体性的原则。中学语文教材选取的散文均属经典散文,写法均体现了传统散文的"形散神聚"的特点,在散文的教学中必须把握散文整体的意蕴之美,立足情感美,渗透语言美,二者相

第七章 提高文学鉴赏能力：中学语文不同体裁的教学设计

互融合为整体，不宜分开。完成这样的整体美需要注意以下几个方面：

第一，教师少讲。

第二，学生多悟。

第三，重视体验。

第四，注意利用散文为学生创造的情感流、思想流来借机调动学生的"口说与心说"。

在中学语文教学中只有坚持以上几点，才能提高学生的语言表达能力和情感思想品质，才能使中学语文中的散文教学起到良好的效果。

(二)鉴赏性原则

鉴赏散文是学习散文的最重要的方式，鉴赏过程包含着分析、理解、共鸣等认知与情感的同化过程。其中鉴赏最重要的形式就是通过比较的方式来对所认知对象进行认知与共鸣。散文教学最重要的手段就是在比较中使读者理解作者的思想感情，与作品进行深入的对话与情感交流，从而完成精神上的满足。在丰富的资料中，通过比较鉴别来更有深度地学习教学散文，使学生能够不拘泥于教材，获得新境界，从而对散文教学具有浓厚的兴趣。

(三)感悟性原则

散文语言具有灵活性、广泛性、开放性、模糊性、生命性、生活化等特点。这些特点注定散文教学不能是科学理性的精确化、标准化等明晰规则的条块式学习。散文创设的优美意境需要学生在自读中感受，欣赏散文的最好条件就是要给学生较大的自由空间，使学生能够体会作者的思想情感，从而净润灵魂，陶冶情操，完成对文字情感的感悟与体验。

(四)对话性原则

散文所散发的各种情绪与表达的观点都可能与学生产生情感的共鸣，留给学生广阔的思考空间。这就使生生之间，师生之间，作者与学生之间的对话成为可能，在对话中，学生可以认知、感受情与理的价值和目的，为学生提高思维品质，优化思想情感创造了条件。对话式的教学为学生学习散文创造了更大的学习空间，容易使学生养成乐于思考，积极参与的良好学习习惯。

(五)积累性原则

散文的学习,无论是语言习得,还是思想情感的凝聚,学生都不可能从几篇文章中完成,这是一个不断积累的过程,因此,散文教学在设计的过程中一定要遵循积累性原则,重点培养学生的散文阅读、能力与写作兴趣,提倡学生自读、自悟,从而完成对语言风格与思想情感的品味与积累。

二、散文教学的目标

散文教学是中学语文教学中非常重要的一个环节,由于其既经历了一定时间的洗礼,又比较贴近当代生活,所以在中学语文教学中备受青睐。这些文质兼美的散文,对学生品质、能力的形成可以起到不可低估的作用。散文教学,能实现以上语文新课标的诸多目标,这决定了散文教学在中学语文教学中占据着举足轻重的地位。可以说,要了解中国文学,不能不了解中国散文;要研究中国文学,不能不研究中国散文;要培养新世纪全面发展,素质高强的人才,更不能不教中国散文。具体来说,散文在教学中的目标主要包括以下几点:

第一,通过阅读这些优秀的散文,学生能够从整体上把握文本内容,理清思路,概括要点,理解文本所表达的思想、观点和感情。

第二,通过阅读这些优秀的散文,学生能够发现问题,提出问题,对文本做出自己的分析判断,努力从不同的角度和层面进行阐发、评价和质疑。

第三,通过阅读这些优秀的散文,学生能够通过对有关知识、能力、学习方法和情感、态度、价值观等方面要素的融汇整合,切实提高语文素养,发展独立阅读的能力。

第四,通过阅读这些优秀的散文,学生能够根据语境揣摩语句含义,运用已有知识,帮助理解结构复杂,含义丰富的语句,体会精彩语句的表现力。

第五,通过阅读这些优秀的散文,学生能够品味语言,感受其思想魅力,体会大自然和人生的多姿多彩,能够不断充实精神生活,完善自我人格,提升人生境界。

◀ 第七章　提高文学鉴赏能力：中学语文不同体裁的教学设计

第六，通过阅读这些优秀的散文，学生能够养成独立思考与质疑探究的习惯，追求思维的创新，表达的创新，获得新的体验，不断提高独立思考能力，探究合作能力，逐步养成严谨、求实、求新的学风。

第七，通过阅读这些优秀的散文，学生能够领悟其丰富内涵，探讨人生价值和时代精神，有利于形成自己的思想、行为准则，增强明辨是非的能力，树立积极向上的人生理想。

第八，通过阅读这些优秀的散文，学生能够通过对散文的阅读、鉴赏，感受其艺术魅力，发展想象力和审美力，提升审美境界。学生在欣赏、品味中，会逐步提高感受美和理解美的能力，陶冶自己高雅的审美情操，丰富自己健康的内心世界，激发起发现美和创造美的欲望。

三、散文教学内容的设计

散文的一个重要特点就是"美"，因此，散文教学的核心内容就是带着学生去发现美和体会美。

(一)发现散文中的语言美

任何一种文体都有相同的媒介，那就是语言。语言运用的自如与否，直接决定了文章的质感。散文的语言大都朴素、自然、流畅、简净，虽不刻意雕饰却不乏文采，虽不有意追求却自得其意蕴。而且，散文的语言经过情感的陶冶、渲染，又具有很强的抒情味和感染力。如老舍的《济南的冬天》：

小山整把济南围了个圈儿，只有北边缺着点口儿。这一圈小山在冬天特别可爱，好像是把济南放在一个小摇篮里，它们安静不动地低声地说："你们放心吧，这儿准保暖和。"

这篇散文亲切、自然、动情、有韵味，读起来有一种自然流动的节奏感。这种最朴实、温暖的语言，是中学生学习的最佳范例。

(二)体会散文中的情感美

散文是一种开放心灵的艺术，是作家对生活的热情拥抱，对世界的深刻省悟。散文是作者饱蘸着酣畅淋漓的情感写出来的，如果没有了情感，散文的美就会大打折扣。只有最纯最真的情感才能引起读者的共鸣。情感是滋润散文的养分,没有情感的散文毫无价值可言。因此,作家在写作散文时,往往在谋篇布局之间已将自己的深厚的情感,精辟的见解蕴藏其中。于是在教学时,就需要以情感为纽带,引起学生的共鸣,把学生带进作品所蕴藏的情感世界去体验,去领悟。

(三)明辨散文中的哲思美

散文中的哲理,是散文作者对生活的感受和思考,是通过谈天说地、写景抒情、托物言志揭示出来的生活本质和人生奥秘的真谛。我们对散文的语言美、形式美的感受往往更表象、直观,但是要想体会散文的哲思美,不仅要有发现美的眼睛,还要有感受美的心灵,它需要我们静静地去思考,去沉潜。随着时代的变迁和文学自身的发展变化,散文作品更多地表现自我意识,倾诉心底波澜。正因为如此,优秀的散文作家在自己的作品中会体现出本真的、独特的生命体验,并借助深邃而又形象的精神创造,自觉或不自觉地袒露自己的"人间情怀",表达对于世界、自然、人生的执着追求和深层思考。散文的思想内容因此更具有多样性、包容性、思辨性和哲理性,散文作品也会因此呈现出多元而又丰富的审美形态。[①]

(四)理解散文中的形式美

散文的一个重要特点就是"散","散"就是散淡散漫、自由灵活。这种自由灵活,表现为在服从内容需要的前提下,写法不拘一格,任意起止。但散文之所以能做到形散神不散,正是因为作者对所写材料十分熟悉,胸有成竹,能够为散文设计出最佳的结构蓝图,同时又具有娴熟的表现技巧,能轻松自如地使那结构蓝图得以实现。例如朱自清的《春》,只是围绕一个中心,牵住一条线索,组织材料,控制思路,看起来形式比较松散、自由,其实脉络、层次十分清晰。文章的第一、二节起着总起的作用,写了春天来到,万物苏醒,一派生机勃勃的景象。第三、四、五、六节是分述部分,第三节运用拟人化手法描写了春草活泼调皮的样子;第四节描写了春风中温柔的柳枝,混合的气息,鸟儿的歌喉,牧童的短笛;第五节描绘了春雨美景;第六节写了春天里,人们赶趟儿似的,一个个出来

[①] 顾明,李建郡.感悟散文的哲思之美[J].语文教学通讯(高中),2014(5).

第七章 提高文学鉴赏能力：中学语文不同体裁的教学设计

舒活舒活筋骨,抖擞抖擞精神;第七、八、九节运用比喻的修辞手法,把春天比作刚落地的娃娃、小姑娘与健壮的青年,起着总结全文,寄寓主题的作用。

需要指出的是,除了文章的整体结构布局是我们鉴赏的主要内容之外,作者用笔的繁与简,材料使用的疏与密,联想的放与收都是散文形式美的重要内容,在教学中也是要加以注意的。

(五)感受散文中的意境美

一篇优美的散文作品中往往也有意境之美。有了意境的渗透、交融,散文才能绽放出其特有的生命力与活力,才能更加富有生气。散文中的"意"是作者在文中流露出的思想感情。这种感情,一般来讲作者是不会直接表达的,它必须有所寄托,或者托于某景,或者托于某物,或者托于某事,于是就形成了借景抒情,托物言志,因事明理。这里寄托的景、物、事就是"境"。所以,在散文中,单纯的景物描写谈不上意境,也很少有作家单纯地描写某一景物,意境就成了外在的境界、景物与作者心中的喜怒哀乐的高度统一。所以,散文教学如果不能唤起学生丰富的联想和想象,产生一种思想感情与描写对象融合为一的艺术境界,就不算达到目的。

四、散文教学设计的基本策略

虽然不同类散文在教学中有不同的侧重,但是同为散文这一类文体,它们的共性也是明显的,下面我们就从散文的共性出发,来探讨散文教学设计的一般策略。

(一)学习作者如何用特定的形式表达特定的内容

1. 关注散文中特殊的修辞手法

修辞是每一个作家,甚至我们普通人写文章的必要手段。到了中学,尤其是高中,再讲修辞就要讲学生不熟悉的,或是这一篇文章中非常有特点的修辞手法的使用。例如《故都的秋》一文中运用大量的排比,并

且基本上都是由名词或动词性短语构成的短排,极力渲染气氛,极力加浓情感,显得意蕴深挚动人:

"可是啊,北国的秋,却特别地来得清,来得静,来得悲凉。"

"北方的秋雨,也似乎比南方的下得奇,下得有味,下得更像样。"

"秋的味,秋的色,秋的意境与姿态,总看不饱,尝不透,赏玩不到十足。"

"在南方每年到了秋天,总要想起陶然亭的芦花,钓鱼台的柳影,西山的虫唱,玉泉的夜月,潭柘寺的钟声。"

这样的句式读起来也很有特点,给人一气呵成之感,却绝无矫揉造作之姿,既显得气势磅礴,工致典雅,又在形式上,具有语言整饬之美,读起来琅琅上口。

2. 关注不寻常的、陌生化的词语

作者在创作时,日常词语往往是信笔流出,那些不寻常的、陌生化的词语,往往才是作者倾注心血去锤炼的,它含有日常语言所无法传达的意义,含有作者在特定时刻需要传达的复杂而微妙的情感。教师要善于寻找这些不寻常的、陌生化的词语,并通过替换及比较,让学生感知锤炼语言的重要性,思考作者为何要这样下笔。教师在领着学生品味这些词的时候,要创设具体的语境,让学生通过比较来感受、辨析、揣摩,在潜移默化中让学生吸收这些典范的语言材料。

3. 关注散文中有特点的表现手法

散文的表现手法有很多,鉴赏散文的表现手法,要让学生明确各种手法的定义、适用范围,相近手法之间的区别,但是相近手法的辨析应该是散文鉴赏中的一个难点。例如:联想和想象,对比和衬托,铺垫和伏笔,插叙和补叙等的区分。如何用精要的语言让学生一下子将这些纷繁复杂的表现手法区分出来,而真正地会辨别、会使用,是教学的着力点。让学生对这些表现手法有所了解和区分,其目的不仅是会做题,更多的是学会对散文进行鉴赏,知道为什么作者写出来的文章如此具有感染力和艺术魅力,进而将这样的手法运用到自己的写作之中,以增加作文的表现力。

4. 关注散文中的景物描写

散文中的景物描写,一般可分为以下两大类:
(1)专门的写景散文

专门的写景散文是作者到达某地见到某景或某物,触动了自己的灵感和才思,或精心雕琢,反复推敲;或一挥而就,下笔成文,景物中一定包含着作者的情思与期待。

(2)不是专门写景的散文

除了专门写景的散文,还有一类不是专门写景的散文,其中却有景物描写,这些景物虽为客观存在,却一定是为作者主观情感服务的。也就是在这些景物中,作者一定是有话要说的。

景物的选取都是经过作者细心考虑,为情感及作者的心情服务的。景物描写能充分地显示出作者对自然景物的感受力和语言才华。教学中,教师要带领学生反复品鉴,这是解读散文一条很重要的门径。

5. 关注表达方式的综合运用

我们常说的"表达方式"主要是指文章的写作方法,以及这种方法所表现出来的语言形式特点,主要有议论、描写、抒情、记叙、说明这五种。一篇好的文章,要注意这五种表达方式的综合运用。例如冰心的《荷叶·母亲》,第一部分作者就平淡地叙述,写"父亲的朋友送给我们两缸莲花",引起"我"对往事的回忆;第二部分细致地描绘了雨中荷叶护红莲的动人情景;第三部分,作者采用了抒情和议论相结合的手法,点明主旨,表达作者对母亲由衷的感激与爱恋。由于前面的叙述和描写很到位,第三部分的抒情和议论就变得水到渠成,作者对母爱的歌颂和赞美就非常打动人心。

(二)让学生学会抓住文眼

清代文论家刘熙载说:"(文章的)字句能与篇章映照,始为文中藏眼。"[1]由此可见"文眼"是文章的精魂所在,是全篇艺术构思的焦点所在。抓住"文眼"进行分析,就能顺势牵出一条线来,让文章脉络清晰地

---

[1] 刘熙载.艺概[M].上海:上海古籍出版社,1978:178.

呈现在读者面前,便于我们领悟文章的主旨和神韵。

抓文眼,首先要找准文眼,一般来说,散文的文眼常在开头或结尾。以朱自清的《荷塘月色》为例,文中的第一句话"这几天心里颇不宁静"就是文章的文眼,这句话表达了作者当下的心情。下文朱自清所写的荷塘,都是在他的这种心情笼罩之下所见到的荷塘,荷塘是"薄薄的青雾浮起在荷塘里""叶子和花仿佛在牛乳中洗过一样""天上却有一层淡淡的云",这些都是与作者内心的苦闷与矛盾相一致的,作者希望通过这些景物来呈现自己孤身"独处"的妙处与悠然自得的心情,从而层层映衬"文眼"——"心里颇不宁静"。这是带着作者的感情色彩的荷塘,情感是这片荷塘的生命,唯有了解作者的情感,我们才能还原当时的荷塘。

一般来讲,"文眼"就是全文思想的核心和关键。一篇散文如果找到了"文眼",循着它一路走来,线索脉络也就自然呈现出来了。但需要注意的是,"文眼"只是辅助我们理解文章的工具,并非一个硬性的指标。"文眼"可以是一个字,一个词,一句话,也可以是一个细节,一景一物,甚至一缕情丝。"文眼"不是每篇文章都必须有的,因此也不能牵强附会,生拉硬套。

(三)引导学生领悟散文中的情感

情感是散文的生命,但是散文情感所表现的方式是不同的,或隐或显,尤其是对于一些叙事类散文来说,作者的情感不是直接表达的,教师要带领学生去"感受",必须要有一个让学生自己去慢慢体会与领悟的过程。具体来说应做到以下几点:

1. 情感体验要有深度

对于中学生而言,年龄和阅历是他们理解散文的"硬伤"。"原发体验"是指学生在阅读过程中,思考之后可以独自获得的体验,与他们的思维水平相符。但如果散文课的情感体验至此方休,就体现不出情感是散文的生命了。教师在教学过程中,要激发学生的"后续体验"。首先要让学生明确,在一个对生活有着精致感悟,有着独特思想的文人面前,美是情之所至,是对生命的热情,是偶发的情思。这种体验是生命的感受,是人世间永恒轮回的象征。一个人不能欣赏生命的凋零与陨落之美,也很难真正欣赏生命的昂扬遒劲之姿。这就是经过教师引导之后的"后续情

第七章 提高文学鉴赏能力：中学语文不同体裁的教学设计

感"。美是多元的，美是丰富的，通过这样的文章，开拓学生的审美领域，拓展学生的审美视界。

2. 了解作者的特殊经历或隐于此文的特殊情感

散文是抒发作者独特感受的媒介，散文的阅读往往需要与作者这个人联系起来。一篇散文，是作家一时、一地的情感倾泻，这一时、一地于作家本人来讲往往就显得特别重要，是理解文章的突破点。知人论世，知人品情，拂去共性的认知，才能看到属于作家自己独特的心灵体验。我们通过作品来了解、感受作家这个人，通过作家这个人来分享、领会他所写的这篇散文作品。尤其是当学生被美景感染时，他们一定会更渴望了解景物背后的那一颗心灵；反之，当学生们对作家这个人有了更深的理解之后，会对他笔下的景物体会和感觉得更深入。因此，一定要了解作者的特殊经历或隐于此文的特殊情感。

3. 创设与散文情感基调一致的教学氛围

每一篇文章的情感基调都是不同的，所以课堂中教师要创设与文章的情感基调相一致的氛围，使之与课堂教学气氛相协调。例如，有的老师在教《济南的冬天》的时候，选择了皑皑白雪覆盖下的图片展示给学生看，这就与文中的描述"最妙的是下点小雪呀""山坡上，有的地方雪厚点，有的地方草色还露着"相去甚远。

4. 触发学生情感的共鸣

教师往往是从一个成人的角度进行理解，中学生难有共鸣。能感动成人的不一定能感动青少年，能感动教师的不一定能感动学生。如果找不到共鸣的地方，教师在讲台上激动不已，学生在下面则无动于衷。所以，触发学生的情感共鸣非常重要。最直接的办法就是结合学生们熟悉的生活经历，使文章中的情绪点和学生的情绪点对接，唤醒他们的情感体验。

(四)体会作者创设的意境，展开想象的空间

散文中的意境具有情景交融的表现性，虚实相生的结构特征和韵味

无穷的审美特征。它是作者的主观思想感情和所描绘的客观物境、生活图景相交融而熔铸在作品中的,能够把读者引入充分想象空间的艺术境界。它是内情与外物,主观之"意"与客观之"境"的辩证统一。只有读者理解和接受的意境才能称之为意境,我们体会作者所创设的意境最好的媒介就是想象。如《背影》一文中的父爱,为什么直至"近几年来,家中光景是一日不如一日"之际,收到父亲的悲观而故作达观的信后,作者对父亲的挚爱才得以像火山一样喷发呢?这是因为父子感情在时间、空间的适当距离中产生了美,它使读者能从车站送别和爬铁轨的"背影"中联想到父亲的身世,产生联想和情感共鸣,这正是意境的艺术效力。我们在带领学生读的时候,也一定要通过联想和想象,把这些镜头补充出来,才能感受当时的情境。

(五)重视阅读的力量

朗读是一种眼、口、耳、思并用的综合阅读活动,是课文学习中从字词句段到篇,从文字到语音、语义,从表层意思到潜在情味的全面感知。指导有方的朗读教学,能让学生在朗读之中认知文字,感受声律,体味词句,领会情感,品味意境,培养语感。在中学散文教学的过程中要充分利用课堂教学的时空,运用自由朗读、跟读学读、感知性朗读、模仿性朗读、熏陶性朗读、体验性朗读、分角色朗读、表演性朗读、个性化朗读、竞技性朗读等手段和方法,让学生进行扎扎实实的训练。

第四节 诗歌的教学设计

诗歌是以凝练而富有韵律和节奏的语言,强烈的情感和丰富的艺术想象,高度集中地反映社会生活的一种文学体裁。读一首好诗,不仅能够启发人们展开想象和联想,给人以美的熏陶和美的享受,还能陶冶人的情操,净化人的心灵,启迪人的智慧,塑造人的品格。此外,诗歌优美凝练的语言对人的语言表达能力也有潜移默化的影响。因此,在中学语文教学中,必须重视诗歌的教学与设计。

第七章 提高文学鉴赏能力：中学语文不同体裁的教学设计

一、现代诗歌的教学设计

(一)现代诗歌的特点

诗歌是以凝练而富有韵律和节奏的语言，强烈的感情和丰富的艺术想象，高度集中地反映社会生活的一种文学体裁。现代诗歌作者特别偏爱甚至可以说是更善于运用多种修辞手法，造成了诗歌情绪层次的跳跃性和诗歌意蕴层面的朦胧多义性，显示出与一般文学作品甚至也与古诗词截然不同的风格和特色，这些特色表现在意境、意象、结构、语言、手法等方面。就入选中学语文课本中的诗歌而言，主要有如下几个鲜明的特点：

1. 想象丰富

诗歌不仅有丰富的思想感情，而且总是通过生动优美的形象来感染读者，这就需要丰富的联想及大胆的想象和幻想，强烈的情感促使作者进行想象和联想，而想象和联想又加深和强化了情感。现代诗歌中表现出的丰富的想象力，可以推动情感的飞驰，使情感表达得更为丰富多彩。正因为诗歌有着丰富的想象，所以它能创造出奇特的意境。这种意境是诗人将思想感情与作品中描绘的生活图画融为一体的结果。

2. 高度概括

诗歌被认为是一种最凝练的文学形式。诗歌的这种高度概括的特征，主要表现在它一般不要求有完整的故事情节和具体的人物描写，而往往从广阔的社会生活中选择那些最精彩动人的，最能反映生活本质的场景，抓住具有典型意义的细节，加以提炼和升华，在不长的篇幅中，以高度集中的艺术形式去概括反映社会生活，去表达复杂的思想感情，从而收到特殊的艺术效果。

3. 具有音乐的节奏和韵律

诗歌与音乐有着天然的联系，现代诗歌大多具有音乐的节奏和韵律。现代诗歌的节奏,是一种有规律的运动所形成的节拍,即强弱、长短相同的音节所形成的节拍,或者说声音的强弱,句式的长短在诗歌里有规律地出现,就形成了诗的节奏。如舒婷的名篇《祖国啊,我亲爱的祖国》(节选):

> 我是你河边上破旧的老水车,
> 数百年来纺着疲惫的歌;
> 我是你额上熏黑的矿灯,
> 照你在历史的隧洞里蜗行摸索;
> 我是干瘪的稻穗,是失修的路基;
> 是淤滩上的驳船
> 把纤绳深深
> 勒进你的肩膊,
> ——祖国啊!

在这首诗中,短短数行诗句,声调曲折变化,节奏明快优美,句式长则近二十个字,短则三四字一行,构成一曲委婉动听、抑扬顿挫的歌。

4. 感情强烈

感情是诗的生命。诗歌主要是通过诗人感情的抒发来反映生活,表达思想,感染读者的,因此,它的这种感情就表现得更为强烈。可见,诗歌需要的是"人情",它要求读者把握诗歌感情的底蕴,能与诗人一起或喜或悲,或怒或奋。正因为一切优秀的诗歌都饱含着诗人的情感,所以它的抒情性很强,情感极深挚。无论是叙事诗,还是抒情诗,诗人都以抒发情感为主旨,或借景抒情,或借物抒怀,都用饱含着丰富的思想感情的笔触,表达自己强烈的意志和情趣。因此,人们都把情感比作诗歌的生命。

(二)现代诗歌教学目标的设计

现代诗歌教学目标的设计主要包括以下几方面内容:

1. 知识目标的设计

现代诗歌的知识目标包括诗歌内容知识和背景知识两个方面(表7-1)。

第七章 提高文学鉴赏能力:中学语文不同体裁的教学设计

表 7-1　现代诗歌的知识目标

分类	内容
内容知识	1. 诗歌中所描绘的景物、事物和人物等 2. 诗歌中叙述的事件
背景知识	背景知识包括诗歌内容所涉及的有关知识和诗人创作诗歌时的生活和心理背景知识

现代诗歌知识目标的达成重在理解和记忆。理解的本质是对诗歌语言文字所表达的思想感情的接受和意义建构;记忆的本质是对诗歌所表达的思想,塑造的意境,抒发的情感等在长时记忆中的储存。

2. 技能目标的设计

现代诗歌的技能包括动作技能和智慧技能两种类型(表 7-2)。

表 7-2　现代诗歌的技能目标

分类	内容
动作技能目标	诗歌阅读的动作技能主要指朗读和诵读技能,其本质是口腔和气管肌肉根据一定规则的协调运动
智慧技能目标	诗歌阅读的智慧技能指运用概念和规则对诗歌语言和意境的感悟、理解和把握

现代诗歌的技能目标分为动作技能目标和智慧技能目标,因此,现代诗歌技能目标的设计也应从这两个方面进行(表 7-3)。

表 7-3　现代诗歌技能目标的设计

分类	内容
动作技能目标的设计	要能够根据诗歌的感情基调有节奏地朗读全诗
智慧技能目标的设计	1. 要能够感知、领会诗歌词语的意义和色彩 2. 需要根据上下文语境对语句进行分析、推理和想象 3. 根据一定的规则对诗篇的主旨、感情、意象等进行分析探究

3. 方法目标的设计

现代诗歌阅读方法运用的心理本质是一套策略性知识支配着读者对诗歌的认知解读活动，因此，方法目标的实质就是认知策略性知识。在设计方法目标时需要具体包括以下内容：

第一，诗眼揭示策略。

第二，意境探究策略。

第三，主旨把握策略。

第四，诗篇记诵策略。

第五，风格与写法归纳策略。

4. 情感目标的设计

情感目标是现代诗歌教学的重要目标，这是由诗歌的自身特征和学生阅读诗歌的心理特征所决定的。诗歌是诗人情感的外化，诗歌的内核是情感。同时，学生学习诗歌的过程是一个通过语言文字的解读，领悟作品中所表达的思想感情，从而与诗人产生共鸣的过程。因此，通过现代诗歌的教学使学生的情感产生变化是现代诗歌教学的主要目标。

现代诗歌的情感教学目标是要让学生通过诗句的学习获得与诗人相同或相近的情绪体验。这种体验的获得包括接受、反应和共鸣。

（1）接受

接受即能够通过语言文字了解诗歌中包含的思想和情感内容。

（2）反应

反应即能够对诗歌中表达的思想感情进行价值判断。

（3）共鸣

共鸣即形成与诗人相同或相近的情感体验。

（三）现代诗歌教学内容的设计

在一节课中，教什么比怎么教更重要。因此，在进行中学语文现代诗歌教学设计时，必须重视教学内容的设计。通常来说，一个较好的中学语文现代诗歌教学设计，需要依靠现代诗歌本身的特点及学生的状态来确定具体的教学内容。但总体来说，不论何时都应包括以下几个核心内容：

第七章 提高文学鉴赏能力：中学语文不同体裁的教学设计

1. 意象的选择与意境的营造

意象是文学，特别是诗歌创作和审美都不可回避的重要概念，指的是用来表达某种抽象的观念和哲理的艺术形象。"意"即主观的心意、情思，"象"即客观的形象、物象，是诗歌中浸染了作者主观感情的客观事物。"意境"是指抒情性作品中呈现的那种情景交融、虚实相生的形象系统，及其所诱发和开拓的审美想象空间。诗歌中的诸多意象连在一起，形成一个整体的环境、气氛、境界或情调，就是意境。在普通读者心目中，现代诗只是词语与词语的连接，语文教师的脑海里，却要有意象与意象的组合，因为这些组合担负着表达诗人思想感情的任务。值得提示学生的是，诗人把特定的情感赋予特定的事物，久而久之，这些事物就作为固定的"意象"被确定下来，代表特定的情感。这些意象往往带有较强的可辨识性，比如枯叶秋风往往代表着悲伤，春草春阳往往显示着旺盛的生命力。在进行现代诗歌教学时，教师必须遵循"由意取象"的原则（即结合背景，细读文本，确定文意，再寻找诗中的哪些事物是与文意相符合的），引导学生寻找意象，并深入体会这些意象所构成的意境。

2. 情感的体验与升华

凡是文学艺术都离不开情感，但相对而言，小说以人物形象、故事情节来含蓄、委婉地流露情感；散文往往以经历、见闻来借景抒情，托物言志；戏剧则借助矛盾冲突、场景再现来表达情感。以上几种文体都不如诗歌承担的情感直接、开放、自由、精致。因此，在进行现代诗歌教学时，教师要注意引导学生体味诗中的情感，并找到其在当下的价值，最终达成对学生情感熏陶的目的。

3. 语言的品味与积累

现代诗歌的语言通常都具有音乐美、跳跃性和凝练性三个鲜明的特点。它意蕴深沉、丰富，字里行间往往既有言内之意，又有弦外之音。读诗只有挖掘和推敲诗的语言，才能理解诗歌蕴含的深意，深入领会诗歌中丰富的内涵。因此，教师在进行现代诗歌教学时，要引导学生对诗歌的语言进行分析，从而在提高学生语言鉴赏力的同时，进一步丰富自己的语言知识，提高自己的语言运用能力。

在这一过程中,教师还要引导学生掌握现代诗歌的修辞手法。现代诗歌常常运用生动的比喻、拟人和合理的夸张等修辞手法,来表达诗人丰富的思想感情,增强语言的艺术性和感染力。比如,《回延安》中把延安比作母亲,就自然贴切,它将诗人对延安的思念升华为儿子对母亲的思念,感情浓烈,真挚动人。

(四)现代诗歌教学设计的基本策略

中学语文现代诗歌教学设计的策略,具体来说有以下几个:

1. 多角度解读诗歌

在进行中学语文现代诗歌教学设计时,应注意从多角度对现代诗歌进行解读。也就是说,教师一定不要用固定的主题和标准答案来限制学生的思维,把相关的背景提供出来,学生自然会从他们的角度和感受中得出不同的理解。

2. 用情来解情

诗是主情的文学,情是诗的灵魂和内核。优秀诗歌的一个共同特征就是情绪真挚而热烈,它比其他文学体裁更能直接地表达人内心的这种情感冲动。因此,在进行中学语文现代诗歌教学设计时,应明确如何带领学生走进诗歌情感的殿堂。通常来说,可以运用的方法有以下几个:

第一,教师在课堂上要情绪饱满,带着诗情走进作品。

第二,教师对诗歌情感的感受与理解要到位,即教师对诗歌感情的理解要与诗歌作者所传递的感情相一致。

第三,教师解读诗歌的语言要准确、生动、鲜明,不能用自己呆板的、枯燥的、干瘪的、毫无韵味的教学语言去解释诗歌中活泼的、丰满的、灵动的、鲜妍的语言,否则既是对诗歌的亵渎,也无法引起学生的学习兴趣。

3. 突出诗歌的特点

在进行中学语文现代诗歌教学设计时,还需注重突出诗歌的特点。不同的诗歌要有不同的品鉴侧重点,虽然都是现代诗歌类文体教学,但

第七章 提高文学鉴赏能力：中学语文不同体裁的教学设计

是不同的诗歌，主题是不同的，表现手法是不同的，诗人身处的时间、空间、人生际遇也是不同的。因此，切不可千篇一律地用一种方法来讲所有的诗歌，要能够做到根据每首诗歌的不同特点，有所侧重地进行教学。

4. 有意识地指导学生诵读

现代诗歌的美，必须通过诵读才能得到更加有力和细致的表现。因此，在进行中学语文现代诗歌教学设计时，要明确如何才能促使学生诵读诗歌。为此，教师在课堂教学中必须教给学生一些常用的诗歌诵读方法，并随时对学生的诵读进行指导。

5. 避免对诗歌做过细的肢解和分析

诗歌教学追求诗味洋溢，最忌追问僵死的意义，要避免"过度阐释"，过多的意义解析，否则诗意便荡然无存。这就要求在进行中学语文现代诗歌教学设计时，不能对诗歌做过细的肢解和分析。

二、古代诗词的教学设计

(一)古代诗词教学的重要性

在中学语文教学中，进行古代诗词教学具有十分重要的意义，具体表现在以下几个方面：

1. 能够提高中学生阅读古诗的能力

通过古代诗词的教学，学生会学到很多文言知识，字音、字义、词类活用、语法修辞等，运用所学知识，再结合工具书，学生会慢慢读懂文言文。当中学生具有自己读懂文言文的能力，就能自己去阅读和思考古代诗词，继而吸取其中有益的东西。

2. 能够提高中学生的写作水平

中学语文教材中所选的古诗都是历经千年筛选的名篇，认真研讨这些作品可以为学生的写作提供很好的素材和范本。具体来说，中学生可以借由这些古诗积累写作素材。作者丰富的人生经历,高尚的人格理想,几千年丰厚的文化积淀是滋长语言的沃野,如果中学生能借经典诗词,吸传统精华,抒自我胸臆,一定会让自己的作文语言机智、活泼、丰厚、典雅、有韵味。

3. 能够培养中学生热爱祖国语言文字的情感

现在的语文教学中,教师已经开始重视学生人文品格的培养,人文精神的传承。通过古诗教学,让中学生认识到中华文化的博大精深,继而养成热爱祖国语言文字的情感。

(二)古代诗词教学内容的设计

在进行中学语文古代诗词教学内容的设计时,需要包括以下几个层面:

1. 语言层面

中学语文古代诗词语言层面的教学内容,应具体包括以下两项内容:

(1)文字

文字是书面上组成一篇文言文的最小单位,涉及文字的教学内容主要有字音、字形、字义三个方面。在字音方面,主要要注意多音字和异读字。一般多音字的教学不是很困难,多音多义字的音和义在千百年来早已完全固定下来,为大家认可,并经常运用,学生理解起来相对容易,可异读字就不同了。异读字是一种特有的读音现象,它是指在具体的文言环境中,某个字音、义的变化,异读字的产生,与古代人的文化和思维方式不无关系,这也是在学习古代诗词的时候需要注意的。

(2)词语

古诗中的词语可以按功用划分为实词和虚词,其中实词就是有实际意义的词语,能充当句子成分,且能单独回答问题的词语;虚词主要指的是不含实际意义,在句子中主要起连接作用的词语。实词需要讲解的主要是古今异义和一词多义,还有词类活用。对学生来说比较难以理解的就是词类活用,比如名词用作动词,形容词用作动词,动词和形容词用作名词,名词做状语,或者使动、意动等。中学的学习阶段掌握18个虚词

第七章 提高文学鉴赏能力：中学语文不同体裁的教学设计

和 120 个实词即可，教师在进行讲解时要注意分析、归类。

2. 篇章层面

字、词只是最基本的语言材料，只有作者的深邃立意、宏大构思、巧妙设计、高明手法贯通其中，作品才会独特精妙，别具一格。古人在写诗之时对此是非常考究的，所以对作者的思路、层次、结构、情感等篇章层面的理解和挖掘，都是教学内容的重要组成部分。

3. 文化层面

文化层面的内容是古代诗词教学的终极指向。教材中的古代诗词包罗万象，所记载的是我国社会的历史沿革、政治变迁，历代仁人志士的精神追求、人生理想，各家各派的学术思想、艺术风貌等，它承载的是历史、文学、艺术、哲学、思想、文化等，它蕴含着几千年的民族思想文化的丰富积淀，以及中华民族的民族精神和古人的生存智慧。因此，古代诗词学习的最终目的就是要在古诗经典中涵咏体悟，在历代先贤用智慧垒就的精神家园中探幽取精，进而获得文学、文化、精神、智慧的滋养。

(三) 古代诗词教学设计的基本策略

中学语文古代诗词教学设计的策略，具体来说有以下几个：

1. 努力发挥教师的正面影响作用

要想教好古代诗词，要想让学生爱学，教师是关键。作为一名语文教师，一定要让你的学生感觉到你是一个喜欢古诗，在古诗方面有很深功底和修养的人，甚至让你的学生仰慕你的古诗造诣，让他们明白一个学好古诗的人会这般的才华横溢，让他们怀着崇敬去学习，去接近。为此，教师要想做好中学语文古代诗词教学设计，必须注重培养自己扎实的古代汉语底子，并进一步提高自己的诗词修养。

2. 注意向中学生提供必要的作者和背景资料

中学生学习古代诗词感觉困难的一个主要原因是古诗的作者、内容、年代距今比较遥远，要想让中学生切实去理解几百甚至几千年前的作品,介绍写作背景是必不可少的。因此,教师在进行中学语文古代诗词教学设计时,必须注意向中学生提供必要的作者和背景资料。

3. 引导中学生纵情吟咏诵读

古代诗词比现代诗词讲究韵律,带有明显的声韵美、音乐美,读起来琅琅上口。在中国古代朗声诵读诗文是学习语文的主要途径,在新课改的今天,诵读仍应是学生学习古诗的主要方法,它在帮助学生理解文意,体味情感,感受作品的意境,提高语言感悟能力等方面的确大有裨益。尤其是有些古诗中的一些诗句或词语,学生一时间难以完全领会,在反复朗读中思路就会逐步清晰,甚至读着读着就会豁然开朗。因此,教师在进行中学语文古代诗词教学设计时,需要明确如何引导中学生对古代诗词进行纵情吟咏诵读。

4. 让古人的智慧与中学生的人生对接

古代诗词的年代距离现在比较遥远,所呈现出来的内容和表达形式都和今人有一定的距离,但古往今来人类的感情是相通的,甚至许多古人所体会的情感,所感悟的人生,是我们今人所望尘莫及的。因此,教师在进行中学语文古代诗词教学设计时,要明确如何引导学生跨越时空的隧道,将自己置身于那个年代,那个社会,去与古人对话,体味他们的智慧与情怀,从而充分发挥古代诗词的认识、教化、美感享受等功能。

第八章　重视教学反馈：中学语文教学评价与测试

评价和测试对中学语文教学具有导向、预测和激励的功能，也是中学语文教学的重要反馈。中学语文教学设计的起始环节是教学目标的确立，而在确立教学目标的时候，就要对目标的可操作性和教学的实施效果的评价和测试有所考虑。新课程改革下的评价比较全面，不仅仅是考查学生实现课程目标的程度，更是为了改进师生的教与学，改善课程设计，从而有效地促进学生的进步。本章将对中学语文教学的评价和测试进行详细的探究。

第一节　中学语文教学的评价

一、中学语文教学评价的手段

（一）口头评价和评语评价

口头评价是一种简便易行，可以随时随地进行的评价方式，特点是"短、小、勤、快"。在课堂上，简短的口头评价能给学生一定的鼓励，对他们回答中存在的问题及时纠正，使课堂更加生动，使学生的学习动力更足。

评语评价是当老师与学生不能面对面交流时的一种间接的评价方

式。这种评价加强了师生之间的联系与沟通,激励性强,有时也会产生别开生面的效果,有利于将非学业评价的内容及时反馈给学生,肯定学生的优势和进步,指出其不足。

(二)成长记录袋评价

成长记录袋也称为档案袋,主要是指收集和记录学生自己、教师或同伴做出评价的有关材料,学生的作品、反思,还有其他相关的证据与材料等,以此来评价学生学习和进步的状况。档案袋可以说是记录了学生在某一时期一系列的"成长故事",是评价学生进步过程、努力程度、反省能力及其最终发展水平的理想方式,如图8-1所示。但是,档案袋中究竟应该选择哪些内容,并没有硬性的标准,关键在于必须明确建立档案袋的目的,适用对象,如何使用,以及对学生有什么帮助。

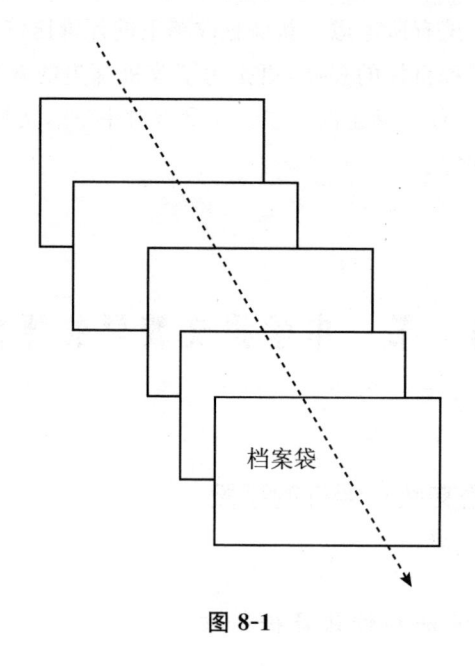

图 8-1

档案袋评价是一种从实践中涌现出来的评价方式,它作为"等级化""分数化"评价的一种替代,有其旺盛的生命力。其优势在于,为学生提供了一个学习的机会,使学生能够认识自己,判断自己的进步。这种评价方式着力于收集显示某学习领域里学习者的努力与进步的作品,调查每一个学习者获得的经验及其疑问和兴趣,探究各个时段的学习过程,通过编制"成长档案",来把握每一个学习者的学习轨迹。

成长记录袋评价是新课程改革中出现的一种新的评价方式。学生把体现自己学习状况的材料放进成长记录袋,教师或者家长通过成长记录袋中的材料评价学生的课程学习情况。成长记录袋中的材料应让学生自主选择,不要由老师一手包办。它能反映学生多方面的情况,比一张试卷反映的信息更为全面,方便教师针对不同学生的兴趣和发展阶段,因材施教。

(三)日常学习表现评价

评价上课时学生发言的积极性、主动探究及主题活动的表现等,可以采取学生自评和小组评议的方式,并且鼓励学生本人、同学及学生家长参与到评价之中,让学生学会自我评价。开始时,学生可能不知道该如何评价别人,有时甚至在评议中发生争议和冲突。教师抓住这个机会,引导学生客观公正地评价自己和他人。班主任老师和科任老师合作,使学生学会比较、反思,从而调整自己的学习行为,不断进步。

(四)持续激励式评价

对进步幅度较大的同学和在活动中表现突出的学生可以适当加分。但是,在采用这种方式时需要把握一定的度,只作为激发学生的积极性和鼓励学生进步的一种手段。

各种评价方法都有其一定的适应性,在评价的客观性和深刻性上也各有差别。因此,评价设计要注重可行性和有效性,避免烦琐,防止片面追求形式。

二、中学语文教学发展性评价的特点与策略

发展性评价是指通过系统地搜集评价信息和进行分析,对评价者和评价对象双方的教育活动进行价值判断,实现评价者和评价对象共同商定发展目标的过程,旨在促进被评价者不断地发展。

（一）发展性评价的特点

1. 目标明确

应基于一定的培养目标，并在实施中制定明确、具体的阶段性发展目标。《语文课程标准》是基于国家的培养目标，是有阶段目标性的目标。语文课堂应基于《语文课程标准》的阶段目标，再根据学生情况和课文内容确定适合学生发展的课时目标。

2. 根本目的是促进评价对象达到目标，而不是检查和评比

在语文课堂对学生进行评价，目的不单纯是检查学生掌握语文知识和技能的情况，主要是促使学生积极参与有益于其身心健康的教学活动，在教学活动中掌握知识，增长才干。

3. 注重过程

语文课堂教学评价是一种过程评价，注重学生在语文课堂上的表现，关注学生学习语文的态度的变化，培养学生学习语文的良好习惯。要重视语文教学过程的设计，重视学生在教学过程中的参与度、活跃度。

4. 关注评价对象发展的全面性

语文课堂教学评价关注学生发展的全面性。语文课程的三维目标是必须要落实的，但是并非每堂课都要机械地落实三维目标，而是根据不同的教学内容和课堂教学环境的特点有所侧重。

5. 倡导评价方法的多元化

《语文课程标准》要求评价方法要多样化。在语文课堂教学环境中，运用较多的是口头评价的方法，还可以用纸笔评价的方法，也可以运用讨论的方法，要由具体的课型和教师确定的教学目标来决定。

6. 关注个体差异

在班级授课制中，关注个体差异是比较困难的，但是也并非不可能。

第八章　重视教学反馈：中学语文教学评价与测试

在语文课堂上,尽量面向全体学生进行讲解;在小组活动中,尽量参与到各个小组的活动中。在布置任务的时候,给不同水平的学生布置适合其能力发展的任务。

7. 注重评价对象本人在评价中的作用

发展性评价的目的是评价对象的发展,因此评价对象的自我评价至关重要。语文课堂上,教师对学生的评价是常见的,但学生对自己的评价并不多见。因此,必须在语文课堂教学的各个环节让学生对自己的学习过程和学习结果进行评价。就像特级教师魏书生在结束课堂的环节所做的那样,让学生对自己的课堂表现进行评价,强化学生的学习动机。

(二) 运用发展性评价策略

发展性评价作为师生交流的有效方式,要贯穿于课堂教学的始终。教师一些看似平常而又不平常的话语,是孩子们的阳光,是课堂的生命,能够极大地激发孩子们的兴趣和主动参与的积极性,最大限度地为学生的发展提供了空间。这种评价点低,小目标,勤评价,快反馈的做法,学生最感兴趣,最容易接受,也最能拨动孩子的心弦。学生探究质疑了,教师就不失时机地给予评价,使学生乐于提问,敢于提问。老师评价时要尊重学生的人格,关注个体差异。教师还应随时关注学生的课堂表现,灵活地引导学生进行自评与互评,使学生对自己,对他人都有一个比较正确的认识。

第二节　中学语文教学的测试

中学语文教学评价与语文教学的测试既有联系,又有区别。语文教学评价包括语文教学测试,语文教学测试是语文教学评价的重要形式,但不是唯一形式。

一、测试与考试

测试又称测验,人们习惯于把测试笼统地称为考试,但是测试不等于考试。考试是指按预定目的和教学大纲(课程标准)内容,对试题和评分有一定的要求和标准,而且在特定场合进行的一种考查,一般来说主观性、随意性比较强。而测试则是经过了标准化的测量,具有比较强的客观性。但在实际教学中,测试的意义比较宽泛,形式比较多样;而考试则比较正式,形式单一,客观性较强。

二、中学语文教学测试的作用

(一)有利于促进学生未来的学习

在学习的过程中,及时的信息反馈对于调节下一步的学习策略和行动计划来说都是十分有意义的,所以,测试对于学生来说同样具有积极的意义。测试可以使学生在接受考核检测的过程中反思自己的学习态度和行为,检讨自己的学习方法与过程,评估自己的知识和能力,认识自己学习的得失利弊与成败优劣,使他们能更好地认清努力的方向,调整未来的学习,争取更大的进步。

(二)有利于教师改进教学工作

教师的教学工作在劳动方式上具有较强的独立性,而在劳动的成果上又具有长期性、集体性和间接性,因此,教师教学工作的成败得失是较难判断的。然而测试能反映出学生的学习成效,这种学习成效又是在教师实施课程教学的情况下产生的,因此,测试可以向教师反馈教学的优劣得失,这对教师反思自己的教学思想与教学行为有直接的意义。测试向教师反馈的信息,有助于教师在制订新的教学方案时获得最直接的依据。

(三)有利于提高课程与教学质量

测试不仅对教师和学生的教学与学习具有直接的借鉴意义,而且为

第八章 重视教学反馈:中学语文教学评价与测试

改善课程设计和完善教学过程提供第一手的资料。教育活动的一切决策与建构,无论是宏观上的国家教育方针与政策,还是具体的学校教学计划、课程设计与教学策略,都是为了受教育者的成长与进步。而课程测试恰恰为我们提供了最真实、可靠的决策与建构依据。测试过程中学生的临场表现,测试结束后学生留下来的一份份试卷,都为课程设计和教学研究等方面的教育决策者们提供了最可靠的依据。

(四)有利于增进家庭成员对学生的了解

家庭成员毫无疑问是学生学习情况的关心者。家庭成员了解学生的途径很多,但因为测试往往能比较集中、准确地反映学生的学习成效,所以它成为家庭成员了解学生学习情况的主要途径。一般来说,家庭关怀从主观上说都能产生积极正面的意义。家庭成员对学生学习情况的了解,有助于沟通学校、教师与学生家长之间的联系,形成教育合力,共同推进学生的学习。

三、中学语文教学测试的分类

测试从不同的角度可以进行不同的分类,如根据测试的目的和用途,可以分成学业考试、水平考试和诊断性考试等。

(一)学业考试

学业考试又称"成绩考试",用来考查学生在一段时期内的学习状况。这种考试的特点是所测内容与学生在这个时期所学的内容密切相关,考查的目的在于衡量学生是否掌握了规定的学习内容和掌握的状况。如果说得通俗一点,这种考试在于测定学生的"昨天"。期中考试、期末考试、学年考试都属于这一类。

(二)水平考试

水平考试如果用于选拔,又称"选拔考试",用来考查学生在某些知识和技能方面已经达到的水平,从而判断他是否足以完成某种特定的要求。如果是像升学那样的选拔性考试,则可以根据所甄别水平的高低决定是否录取。这种考试和学业考试不同,不需要结合考生前一阶段所学的具体内容,而以考生现在所达到的水平为准。它的目标是建立能够适用于各种考生(不同地区,使用不同课本等)的共同标准。这种考试用于测定学生的"今天",中考和高考即是此种类型的考试。

(三)诊断性考试

主要用于了解考生是否能够使用某种知识或者是否具备某种技能。目前我国比较流行的主要是学业考试和水平考试,学能考试和诊断性考试还没有充分发展起来。

四、中学语文教学测试的内容

测试内容是测试的实质性成分,它是构成测试活动的重要基础,其意义在于表明测试的范围和体现测试的目标。因而,明确测试的内容对于组织测试来说是极为关键的。

中学语文课程测试的内容受中学语文课程目标及其内容的制约。根据《全日制义务教育语文课程标准(实验稿)》和《普通高中语文课程标准(实验)》可将中学语文课程测试的内容概括如下:

(一)初中语文课程测试的内容

初中语文课程测试的内容按课程阶段目标设置的五个方面分别阐述,主要是:

第一,识字与写字方面。包括汉语拼音的认读和拼读能力,识字情况与应用汉字的能力,写字的姿势和习惯。

第二,阅读方面。包括阅读中的感受、体验、理解和价值取向,阅读的兴趣、方法和习惯,阅读量,阅读中的创造性,朗读、默读、精读、略读、浏览等方法的掌握,初步鉴赏文学作品的水平,古代诗词、浅易文言文的阅读理解和记诵积累。

第三,写作方面。包括写作的兴趣和习惯,情感和态度,表达方法的使用与创意性,写作材料的准备,修改文章的能力。

第四,口语交际方面。包括口语交际的参与意识和情意态度等。

第五,综合性学习方面。包括合作态度与参与程度,发现、探索问题

第八章　重视教学反馈：中学语文教学评价与测试

的主动性，搜集和整理信息、资料的能力，提出假设和观点的能力，综合运用知识和能力的表现，展示和交流成果的能力。着重考查探究精神和创新意识。

（二）高中语文课程测试的内容

高中语文课程分设必修课程与选修课程。

必修课程测试的内容包括阅读与鉴赏，表达与交流两大方面：

第一，阅读与鉴赏方面。包括在论述类文本阅读中着重考查抽象思维能力；在实用类文本阅读中着重考查内容解读与信息筛选、处理能力；在文学类文本阅读中着重考查整体把握、感悟理解、鉴赏评价等能力；在文言文阅读中重点考查阅读"不太艰深"的文言文的能力，同时考查文化理解和思想评判的能力。文学类文本的阅读是"阅读与鉴赏"评价的重点。

第二，表达与交流方面。包括写作态度和写作水平，论述类文本和实用类文本的写作能力，参与口语交际活动的态度，口语交际基本要求的把握，聆听与表达的能力。

选修课程测试的内容包括诗歌与散文，小说与戏剧，新闻与传记，语言文字运用，文化论著研读五大方面：

第一，诗歌与散文方面。包括阅读兴趣和文化视野；审美能力，艺术趣味和欣赏个性；诗歌散文的评论与创作。重点在于考查审美能力，艺术趣味和欣赏个性。

第二，小说与戏剧方面。测试内容与"诗歌与散文"大致相同，但还关注对人物、情节和场景等的感受。

第三，新闻与传记方面。包括阅读新闻的习惯，把握信息的能力，新闻与传记的写作。

第四，语言文字运用方面。包括综合运用有关的知识、能力和方法，在阅读与表达中对语言文字的运用，语言表达的水平和效果，应用文的写作，归纳、梳理语言文字规则的能力，发现语言错误并予以纠正的能力，理解和认识语言发展变化的能力，探究语言文字的敏锐性和兴趣。

第五，文化论著研读方面。包括阅读经典原著的态度，把握观点的能力，思考的水平，阅读兴趣和文化视野，读书心得或小论文。

参考文献

[1]韦美日. 中学语文学科教学设计[M]. 北京:民族出版社,2015.

[2]朱绍禹. 中学语文教学法[M]. 北京:中华书局,2015.

[3]关松林. 初中语文教学指导[M]. 北京:高等教育出版社,2015.

[4]魏本亚. 中学语文教学设计[M]. 北京:高等教育出版社,2016.

[5]靳彤. 中学语文教学设计[M]. 北京:高等教育出版社,2016.

[6]陈建伟. 中学语文课程与教学论:第2版[M]. 广州:暨南大学出版社,2008.

[7]贺卫东. 中学语文教材研究与教学设计[M]. 陕西:陕西师范大学出版总社有限公司,2011.

[8]王尚文. 语文教学对话论[M]. 杭州:浙江教育出版社,2000.

[9]黄甫全. 课程与教学论[M]. 北京:高等教育出版社,2003.

[10]郝丽琴. 中学语文教学设计与案例分析[M]. 合肥:安徽大学出版社,2015.

[11]张筱南. 中学语文教学设计与案例研究[M]. 北京:科学出版社,2012.

[12]吴玲涛,杨菲. 写好写快高考英语作文[M]. 北京:中国宇航出版社,2015.

[13]车静静,王淼,李金凤. 初中英语基础知识手册[M]. 重庆:重庆出版社,2014.

[14]赵年秀. 中学语文教学设计[M]. 长沙:中南大学出版社,2014.

[15]朱绍禹. 中学语文教学法[M]. 北京:高等教育出版社,1988.

[16]徐丽. 中学语文课程与教学研究[M]. 武汉:武汉大学出版社,2015.

[17]郑艳. 中学语文教学设计[M]. 重庆:西南师范大学出版社,2017.

[18]何更生.中学现代文学作品教学设计研究[M].芜湖:安徽师范大学出版社,2010.

[19]中央教育科学研究所.叶圣陶语文教育论集[M].北京:教育科学出版社,1980.

[20]郭虹.初中生作文能力培养与课堂教学设计[M].长沙:中南大学出版社,2016.

[21]周一贯.阅读课堂教学设计论[M].宁波:宁波出版社,2001.

[22]陈振兴.语文教学策略研究[M].北京:中央民族大学出版社,2015.

[23]张行涛,周卫勇.新课程教学法:中学卷[M].北京:中国轻工业出版社,2004.

[24]陆志平,顾晓白.课程标准案例式导读与学习内容要点[M].长春:东北师范大学出版社,2012.